W0346746

Dr. Christian Rauda /
Dr. Jochen Zenthöfer

60 GRUNDFÄLLE zum SCHULDRECHT

Schuldrecht in 3 Tagen

Dieses Klausurentraining richtet sich an alle, die sich die Grundlagen des Schuldrechts am Fall aneignen wollen. Es bietet einen strukturierten und fundierten Überblick. Damit dient dieser Band Anfängern und Fortgeschrittenen, die eine konzentrierte Wiederholung für Klausuren suchen. Fälle zu den *gesetzlichen* Schuldverhältnissen (Delikt, Bereicherung, GoA) finden sich in unserem Buch „25 Fälle zum Schuldrecht".

Aus Platzgründen konnten hier nur wenige allgemeine Erläuterungen aufgenommen werden. Für eine komplette Einführung in das Schuldrecht verweisen wir auf das Parallelbuch „Schuldrecht kompakt". Wer beide Basisbücher durcharbeitet, kann sich die Grundlagen des Schuldrechts in einer Woche (**7 Tage**) aneignen.

Wir sind für Hinweise jeder Art, für Kritik und Lob und Änderungsvorschläge jederzeit dankbar. Unsere E-mail-Adresse lautet: **autoren@rauda-zenthoefer.de** Unsere Webseiten ist: www.rauda-zenthoefer.de – Und nun viel Erfolg beim Schuldrecht! Es ist gar nicht so schwer!

Dr. Christian Rauda, Hamburg und ***Dr. Jochen Zenthöfer***, Freiburg

---

Die Frankfurter Allgemeine Sonntagszeitung vom 26. Juni 2005
über die Richter-Skripte: „Knapp und übersichtlich, aber fundiert."

COPYRIGHT: Richter-Verlag
Hans-Peter Richter
Paul-Schroeder-Straße 18
24229 Dänischenhagen
Tel. 04349-1725
Fax 04349-571
e-mail: RICHTER-VERLAG@t-online.de
Website: www.Richter-Verlag.de

Druck und Verarbeitung: Druckerei Schmidt & Klaunig, Kiel

Alle Rechte vorbehalten. Nachdruck, Verwertung, auch auszugsweise, jegliche photomechanische Wiedergabe etc. nur mit ausdrücklicher Zustimmung des Verlegers.

Weitere Bücher des Richter-Verlags sind erhältlich über den Buchhandel oder direkt vom Verlag.

2. Auflage 2010

ISBN 978-3-935150-54-5

Inhalt

1. Kapitel:
Überblick über Anspruchsgrundlagen des Allgemeinen Schuldrechts

Nicht immer werden Verträge so abgewickelt, wie sich die Parteien dies vorgestellt haben. Es kann beispielsweise passieren, dass ein Vertragspartner die von ihm geschuldete Leistung nicht erbringen kann, dass er verspätet leistet oder dass seine Leistung nicht die vereinbarte Qualität aufweist. Solche Fälle nennt man Leistungsstörungen. Bei Leistungsstörungen kann der Vertragspartner Schadensersatz verlangen. Die zentrale Norm dafür ist § 280 BGB.

> ***§ 280:*** *„(1) Verletzt der Schuldner eine Pflicht aus dem Schuldverhältnis, so kann der Gläubiger Ersatz des hierdurch entstehenden Schadens verlangen. Dies gilt nicht, wenn der Schuldner die Pflichtverletzung nicht zu vertreten hat.*
> *(2) Schadensersatz wegen Verzögerung der Leistung kann der Gläubiger nur unter der zusätzlichen Voraussetzung des § 286 verlangen.*
> *(3) Schadensersatz **statt** der Leistung kann der Gläubiger nur unter den zusätzlichen Voraussetzungen des § 281, des § 282 oder des § 283 verlangen."*

Grund – Prüfungsschema:
1. Bestehen eines Schuldverhältnisses.
2. Pflichtverletzung (Nicht-, Schlecht-, Spätleistung, Nebenpflichtverletzung).
3. Vertretenmüssen des Schuldners (ist nach § 280 I 2 zu vermuten).
4. Durch die Pflichtverletzung muss ein Schaden entstanden sein.

Rechtsfolge: Höhe und Umfang des Schadensersatzes richten sich nach §§ 249 ff.

Der geforderte Schadensersatz kann **statt der Leistung** (erster Fall) verlangt werden oder **neben der Leistung** (zweiter Fall). – Im **ersten Fall** erhält der Gläubiger die Leistung entweder überhaupt nicht oder nicht so, wie sie geschuldet ist. Deshalb begehrt er Schadensersatz. Das regelt § 280 III.

Definition: Schadensersatz "statt" der Leistung ist derjenige Schaden, der insofern an die Stelle der Leistung tritt, als er das gesamte Äquivalenzinteresse abdeckt. Der Schaden resultiert aus dem endgültigen Ausbleiben der ordnungsgemäßen Leistung (bei §§ 281 und 283) oder aus der erheblichen Verletzung einer Nebenpflicht (§ 282). Maßgeblich für den Schadensersatz statt der ganzen Leistung aus §§ 281 und 283 ist, ob zum für die Entscheidung maßgeblichen Zeitpunkt der geltend gemachte Schaden entfallen wäre, wenn die Leistung im letztmöglichen Zeitpunkt noch ordnungsgemäß und ohne Nebenpflichtverletzung erbracht worden wäre. In der Grafik auf der übernächsten Seite sind dies die unteren Spalten 2 bis 5.

Im **zweiten Fall (Schadensersatz neben der Leistung)** gibt es zwei Konstellationen:

(1) Der Gläubiger erhält die Leistung zwar zu spät, ist aber nach wie vor an ihr interessiert. Daneben macht er einen Anspruch auf Ersatz des durch die Verspätung entstandenen Schadens geltend (bloßer Verzögerungsschaden). Diesen Fall regelt § 280 II i.V.m. § 286 I. Die Grafik auf der nächsten Seite zeigt dies in der unteren Spalte 1.

(2) Der Gläubiger macht Schadensersatz neben der Leistung wegen Verletzung einer Nebenpflicht im Sinne von § 241 II geltend (untere Spalte 6 in der Grafik auf der nächsten Seite).

Definition: Gegenstand des Schadensersatzes neben der Leistung ist also derjenige Schaden, der bereits vor dem Zeitpunkt des Wegfalls der Leistungspflicht endgültig eingetreten ist, das heißt, durch die Erbringung der Leistung zum letztmöglichen Zeitpunkt nicht behoben worden wäre.

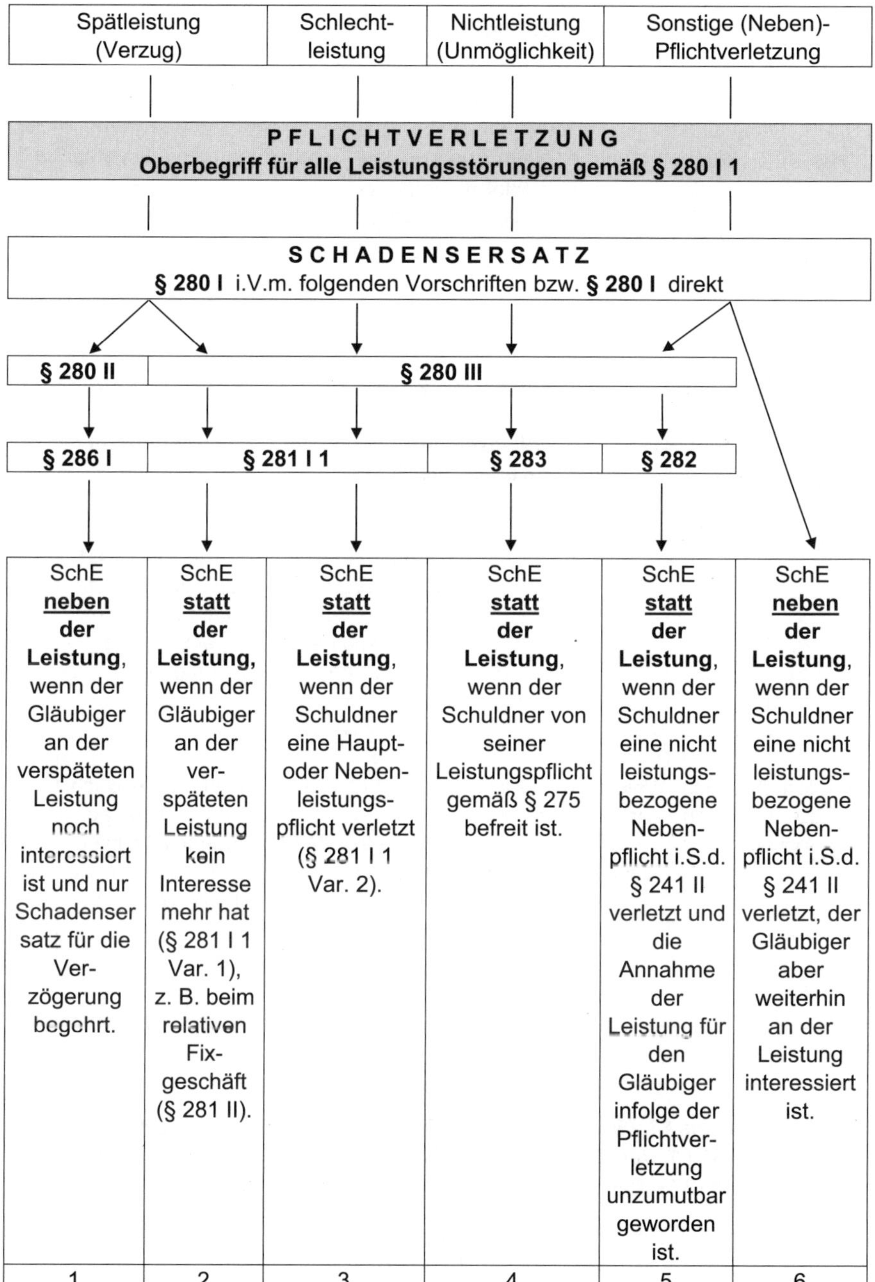
Spätleistung (Verzug)
Schlecht-leistung
Nichtleistung (Unmöglichkeit)
Sonstige (Neben)-Pflichtverletzung
PFLICHTVERLETZUNG
Oberbegriff für alle Leistungsstörungen gemäß § 280 I 1
SCHADENSERSATZ
§ 280 I i.V.m. folgenden Vorschriften bzw. § 280 I direkt
§ 280 II
§ 280 III
§ 286 I
§ 281 I 1
§ 283
§ 282
SchE neben der Leistung, wenn der Gläubiger an der verspäteten Leistung noch interessiert ist und nur Schadenser satz für die Ver-zögerung begehrt.
SchE statt der Leistung, wenn der Gläubiger an der ver-späteten Leistung kein Interesse mehr hat (§ 281 I 1 Var. 1), z. B. beim relativen Fix-geschäft (§ 281 II).
SchE statt der Leistung, wenn der Schuldner eine Haupt- oder Neben-leistungs-pflicht verletzt (§ 281 I 1 Var. 2).
SchE statt der Leistung, wenn der Schuldner von seiner Leistungspflicht gemäß § 275 befreit ist.
SchE statt der Leistung, wenn der Schuldner eine nicht leistungs-bezogene Neben-pflicht i.S.d. § 241 II verletzt und die Annahme der Leistung für den Gläubiger infolge der Pflichtver-letzung unzumutbar geworden ist.
SchE neben der Leistung, wenn der Schuldner eine nicht leistungs-bezogene Neben-pflicht i.S.d. § 241 II verletzt, der Gläubiger aber weiterhin an der Leistung interessiert ist.
1
2
3
4
5
6

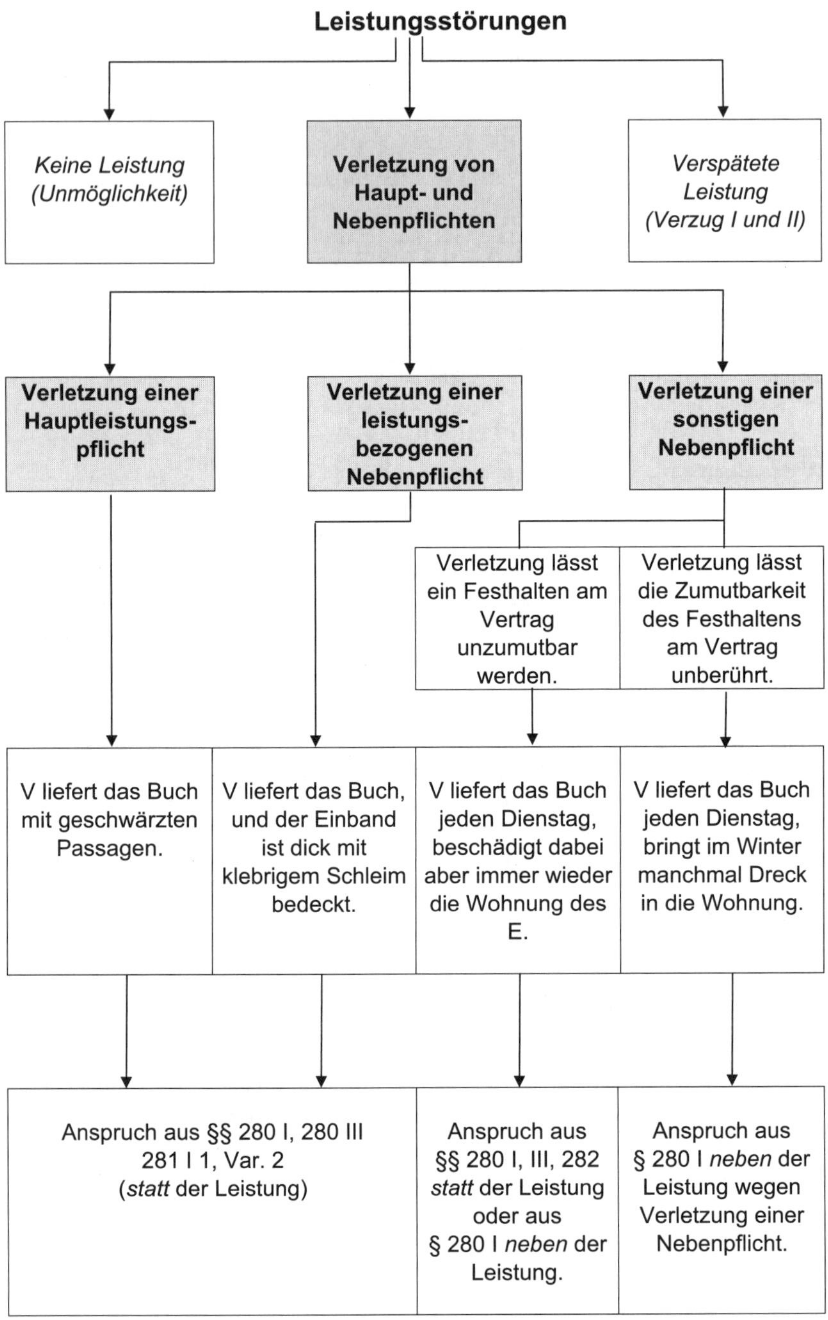
Leistungsstörungen
Keine Leistung (Unmöglichkeit)
Verletzung von Haupt- und Nebenpflichten
Verspätete Leistung (Verzug I und II)
Verletzung einer Hauptleistungspflicht
Verletzung einer leistungsbezogenen Nebenpflicht
Verletzung einer sonstigen Nebenpflicht
Verletzung lässt ein Festhalten am Vertrag unzumutbar werden.
Verletzung lässt die Zumutbarkeit des Festhaltens am Vertrag unberührt.
V liefert das Buch mit geschwärzten Passagen.
V liefert das Buch, und der Einband ist dick mit klebrigem Schleim bedeckt.
V liefert das Buch jeden Dienstag, beschädigt dabei aber immer wieder die Wohnung des E.
V liefert das Buch jeden Dienstag, bringt im Winter manchmal Dreck in die Wohnung.
Anspruch aus §§ 280 I, 280 III 281 I 1, Var. 2 (statt der Leistung)
Anspruch aus §§ 280 I, III, 282 statt der Leistung oder aus § 280 I neben der Leistung.
Anspruch aus § 280 I neben der Leistung wegen Verletzung einer Nebenpflicht.

Überblick mit Grundfall

Grundfall: V und E schließen einen Leihvertrag über das Buch „Hier irrte Kant".

	Was kann der Geschädigte E verlangen, wenn ...	**Anspruchsgrundlage aus Vertrag**	**Rechtsfolge**
1	V weiß, dass dieses Buch nie geschrieben wurde (was stimmt).	§§ 311 a II, 275 anfängliche Unmöglichkeit	SchadensE / AufwendungsE statt der Leistung
2	V das Buch nach Vertragsschluss fahrlässig verbrennen ließ.	§§ 280 I, III i.V.m. 283, 284 nachträgliche Unmöglichkeit	SchadensE / AufwendungsE statt der Leistung
3	V das Buch am 1.5. verleihen sollte, er nicht liefert, E es immer noch haben will.	§§ 280 I, II i.V.m. 286 Schuldner-Verzug I	SchadensE *und* Leistung
4	V das Buch am 1.5. verleihen sollte, er nicht liefert, E es nicht mehr haben will.	§§ 280 I, III i.V.m. 281 I 1, 284 Schuldner-Verzug II	SchadensE / AufwendungsE statt der Leistung
5	V das Buch liefert, diesem aber 50 Seiten fehlen.	§§ 280 I, III i.V.m. 281, 284 Schlechtleistung / Mangel	SchadensE / AufwendungsE statt der Leistung
6	V das Buch liefert, dabei aber die Wohnung des E stark beschädigt.	§§ 280 I, 282 unzumutbare Verletzung einer Nebenpflicht (§ 241 II)	SchadensE statt der Leistung
7	V das Buch liefert, dabei aber Dreck in die Wohnung bringt.	§ 280 I Verletzung einer Nebenpflicht	SchadensE *und* Leistung

Zu unterscheiden sind Schadensersatz *statt* der Leistung und Schadensersatz *neben* der Leistung. „**Neben der Leistung**" bedeutet: Der Gläubiger verlangt die Leistung weiterhin, der Schuldner muss ihm aber den Schaden ersetzen, der durch Verzug (oben Nr. 3) oder durch die Verletzung einer Nebenpflicht (Nr. 7) entsteht. In allen anderen Fällen kann der Schuldner nicht mehr leisten (Nr. 1, 2) oder nicht mehr wie vereinbart leisten (Nr. 5), oder der Gläubiger ist an der Leistung nicht mehr interessiert (Nr. 4), oder dem Gläubiger ist die Annahme nicht zuzumuten (Nr. 6).

Dann ist ein Anspruch auf Schadensersatz **statt der Leistung** gegeben. Dies ist der „kleine Schadensersatz“; beschränkt nämlich insoweit, als Schadensersatz nur anstelle derjenigen Leistung gewährt werden muss, die noch nicht erbracht wurde.

Im Falle der Unmöglichkeit der Leistung (Nr. 1-2) oder der Schlechtleistung (Nr. 5) gibt es, als Unterfall des Schadensersatzes statt der Leistung, auch einen „großen Schadensersatz“. Im Gesetz wird dieser als „Schadensersatz **statt der ganzen Leistung**“ beschrieben. Er kann nur geltend gemacht werden, wenn die Pflichtverletzung erheblich ist. Dies ist in § 281 I 3 ausdrücklich für die Schlechtleistung und über §§ 283 S.2, 281 I 3 für die nachträgliche Unmöglichkeit geregelt, gilt aber ebenso für die anfängliche Unmöglichkeit (§§ 311 a II 3, 281 I 3).

Die Darstellung aller möglichen Störungen (z.B. Verzug, Unmöglichkeit) wurde in den 7 Nummern auf der vorherigen Seite dargestellt. Sie gelten gleichermaßen für folgende Vertragstypen:

Vertragstyp	Beispiel	Gläubiger-Anspruch nach Störung der Leistung	Gegen-anspruch des Schuldners
Einseitig verpflichtende Verträge	Schenkung, Bürgschaft	§§ 311 a II, 280, 281, 282, 283, 284, 286 (Schadens- / AufwendungsE)	keine Gegen-ansprüche
Unvollkommen zweiseitig verpflichtende Verträge	Auftrag, Leihe	§§ 311 a II, 280, 281, 282, 283, 284, 286 (Schadens- / AufwendungsE)	keine Gegen-ansprüche
Zweiseitig verpflichtende Verträge: **Nebenpflicht**	z.B. Kaufvertrag: Abnahmepflicht des Käufers, § 433 II	§§ 311 a II, 280, 281, 282, 283, 284, 286 (Schadens- / AufwendungsE)	kein Anspruch auf Rückgewähr der Leistung

Die Darstellung auf der vorherigen Seite passt ebenso auf Störungen, die Hauptleistungspflichten verletzen. Hier kommen aber Rücktritt und Minderung kumulativ hinzu. Außerdem stellt sich die Frage, was mit der Leistung passiert: Diese muss zurückgewährt werden.

Zweiseitig verpflichtende Verträge: **Haupt-leistungs-pflicht**	z.B. Kaufvertrag: Lieferung der mangelfreien Sache (§ 433 I)	§§ 437 Nr.1 → 439 (Nacherfüllung) <u>DANACH</u> §§ 437 Nr.2 → 440 + 323, 326 V (Rücktritt) oder 441 (Minderung) <u>UND / ODER</u> §§ 437 Nr.3 → 440 + 280, 281, 283, 311 a (Schadensersatz) oder 284 (Aufwendungsersatz)	Rückgewähr der Mangelsache: bei Rücktritt (§§ 346 ff.), Nacherfüllung (§§ 439 IV, 346 ff.) oder un-beschränktem Schadens-ersatz (§§ 281 V, 346 ff.)
	z.B. Werkvertrag: Herstellung eines Werkes (§ 631 I 1.Alt.)	§§ 634 Nr.1 → 635 (Nacherfüllung) §§ 634 Nr.2, 637 (Selbstvornahme) oder §§ 634 Nr.3 Alt.1, 323, 326 V (Rücktritt) oder 634 Nr.3 Alt.2, 638 (Minderung) <u>UND / ODER</u> §§ 634 Nr. 4, 636, 280, 281, 283, 311 a (Schadensersatz) oder 284 (Aufwendungsersatz)	Rückgewähr der Mangelsache bei: Rücktritt (§§ 346 ff.), Nacherfüllung (§§ 635 IV, 346 ff.), un-beschränktem Schadens-ersatz (§§ 281 V, 346 ff.)

Culpa in contrahendo

Der Schadensersatzanspruch kann sich auch aus einem Verschulden bei Vertragsanbahnung (culpa in contrahendo) ergeben. § 311 II, III dehnt die vertraglichen Pflichten auch auf die Zeit *vor* Vertragsschluss aus. Anspruchsgrundlage ist aber hier nicht § 311 II, III, sondern § 280 I.

cic	V will L das Buch verleihen. Bei den Verhandlungen bringt er Dreck in die Wohnung des E.	§§ 280 I i.V.m. 311 II	SchadensE

Störung der Geschäftsgrundlage

Verträge müssen unter bestimmten Umständen angepasst oder sogar aufgelöst werden, wenn Treu und Glauben dies erfordern. Diese „Störung der Geschäftsgrundlage“ (SGG) ist in § 313 geregelt. Sie kommt nur selten zur Anwendung. Oft wird von Studenten vorschnell mit dieser Rechtsfigur operiert.

Liegt eine Störung dieser Art vor, wird der Vertrag nach § 313 I **angepasst**. Ist unter besonderen Umständen die Anpassung nicht möglich oder unzumutbar, können als letztes Mittel ein Rücktritt vom Vertrag (§ 313 III 1) bzw. eine Kündigung (§ 313 III 2) in Betracht kommen. Mit dieser „Waffe“ muss jedoch aufgrund des Grundsatzes „pacta sunt servanda“ (= Verträge sind zu einzuhalten) sehr behutsam umgegangen werden.

SGG	V übergibt dem Museum ein Buch als Dauerleihgabe. Es stellt sich heraus, dass dies das einzige seiner Art ist und dass darin die Weltformel erklärt ist.	§ 313	Anpassung des Vertrags z.B. auf vorzeitige Rückgabe des geliehenen Buches

Kündigung von Dauerschuldverhältnissen aus wichtigem Grund

Nach § 314 I 1 kann jeder Vertragsteil Dauerschuldverhältnisse ohne Einhaltung einer Kündigungsfrist kündigen, wenn ein wichtiger Grund vorliegt. Allerdings hat eine Anpassung des Vertrages Vorrang vor einer solchen Kündigung. Im Übrigen wurden Sonderregeln, z.B. § 543 für den Mietvertrag, nicht aufgehoben.

2. Kapitel:
Fälle zum Recht der Leistungsstörungen

Unmöglichkeit bedeutet, dass der Schuldner die Leistung nicht erbringen kann, weil diese nie erbracht werden konnte (anfängliche Unmöglichkeit) oder nach Vertragsschluss und vor Leistungstermin nicht mehr erbracht werden kann (nachträgliche Unmöglichkeit).

I. Anfängliche Unmöglichkeit

Grundfall: V und L schließen einen Leihvertrag über das Buch „Hier irrte Kant".

Was kann L verlangen, wenn ...	Anspruchsgrundlage	Rechtsfolge
V weiß, dass dieses Buch nie geschrieben wurde (was stimmt).	§§ 311 a II, 275 anfängliche Unmöglichkeit	SchadensE oder AufwendungsE

Auch das Kaufrecht und das Werkvertragsrecht verweisen in §§ 437, 634 auf §§ 311 a II, 275. Damit gelten diese Vorschriften für jede anfängliche Unmöglichkeit, egal, ob im Rahmen einseitig verpflichtender oder zweiseitig verpflichtender Verträge.

Überblick

Die anfängliche Unmöglichkeit ist kein Fall der Pflichtverletzung im Sinne von § 280. Deshalb kommt § 280 nicht zum Zugo. Ist dem Schuldner die Erbringung der Leistung nämlich schon bei Vertragsschluss unmöglich, so entsteht die primäre Leistungspflicht – weil unerfüllbar – nicht. Eine nicht entstandene Pflicht kann aber schon begrifflich nicht verletzt werden. Es besteht vielmehr ein **Leistungshindernis**. Der Schuldner muss die versprochene Leistung nicht erbringen (§§ 275 I, 311 a I). Zur Klarstellung: Es besteht ein **wirksamer Vertrag**, aber **keine Primärleistungspflicht**.

Schadensersatzansprüche ergeben sich aus § 311 a II. Gewährt wird:
→ Anspruch auf Schadensersatz statt der Leistung (= das positive Interesse).
Bisher konnte bei Verletzungen von vorvertraglichen Informationspflichten grundsätzlich nur das negative Interesse geltend gemacht werden.
→ Alternativ: Anspruch auf Aufwendungsersatz statt der Leistung.

Primäranspruch auf die Leistung

I. Primäranspruch auf die Leistung

1. Wirksamer Vertrag (z.B. §§ 433, 535, 611).
2. Leistungshindernis: Unmöglichkeit, § 275 I – III.

Rechtsfolge: Kein Primäranspruch auf die Leistung.

Schadensersatz bei anfänglicher Unmöglichkeit

II a. Sekundäranspruch auf Schadensersatz aus § 311 a II 1 Alt. 1

1. Wirksamer Vertrag.
2. Leistungshindernis für den Schuldner, § 275:
   a) § 275 I: Leistung ist für Schuldner oder für jedermann unmöglich.
   b) § 275 II, III: Schuldner steht ein Erfüllungsverweigerungsanspruch zu.
3. Leistungshindernis besteht bereits bei Vertragsschluss, § 311 a I a.E.
4. Verschulden des Schuldners (Kennen oder Kennenmüssen des Leistungshindernisses, §§ 311 a II 2; 276 I).
5. Schaden aufgrund des Leistungshindernisses.

Rechtsfolge: Schadensersatz statt der Leistung, negatives und positives Interesse.

Alternativ, falls nur ein Teil der Leistung unmöglich ist,
die Pflichtverletzung aber erheblich ist:

II b. Sekundäranspruch auf Schadensersatz statt der ganzen Leistung nach § 311 a II 1 Alt. 1 (unbeschränkter Schadensersatz)

1. – 2.: wie oben.

3.: *Erhebliches* Leistungshindernis vor Vertragsschluss, §§ 311 a II 3, 281 I 3.

4. – 5.: wie oben.

Rechtsfolge: Schadensersatz statt der ganzen Leistung.

Aufwendungsersatz bei anfänglicher Unmöglichkeit

II c. Sekundäranspruch auf Aufwendungsersatz aus §§ 311 a II 1 Alt. 2, 284

1. – 4: wie oben.

5. Aufwendungen des Gläubigers, § 284.
6. Aufwendungen wurden im Vertrauen auf den Erhalt der Leistung gemacht, § 284.
7. Gläubiger durfte die Aufwendungen billigerweise machen (normatives Element), § 284.
8. Anspruch besteht nicht, wenn die Aufwendungen ihren Zweck auch bei ordnungsgemäßer Leistung verfehlt hätten, § 284 a.E.

Rechtsfolge: Aufwendungsersatz statt der Leistung.

Fall 1

Sachverhalt

Der K kauft bei V das Buch „Angela Merkel – Ansichten einer Kanzlerin" für 20 Euro. Dabei weiß V, dass dieses Buch noch nicht geschrieben wurde. Er mag keine Christdemokraten und will K foppen. Dieser verkauft es für 50 Euro weiter an C. Nun stellt sich heraus, dass V nicht liefern kann.

Welche Ansprüche hat K gegen V?

Lösung

I. Anspruch des K gegen V aus § 433 I 1 auf Übergabe und Übereignung des Buches

K könnte gegen V einen Anspruch auf Übergabe und Übereignung des Buches aus § 433 I 1 haben.

1. Dazu müsste zwischen V und K ein wirksamer Kaufvertrag nach § 433 bestehen. Indem sich K und V über Kaufpreis und Kaufsache geeinigt haben, haben sie einen Kaufvertrag geschlossen.

2. V könnte jedoch nach § 275 I Alt. 2 im Falle des Vorliegens eines Leistungshindernisses von der Leistung befreit sein. Dies ist der Fall, wenn der Schuldner die Leistung nicht erbringen kann. Das Buch „Angela Merkel – Ansichten einer Kanzlerin" ist noch nicht geschrieben. Folglich kann weder V noch sonst jemand die Leistung erbringen. Daher liegt ein Leistungshindernis gemäß § 275 I Alt. 2 vor.

Ergebnis: Damit hat K keinen Anspruch gegen V auf Übergabe und Übereignung des Buches aus § 433 I 1.

II. Anspruch des K gegen V auf 30 Euro Schadensersatz aus § 311 a II 1 Alt. 1

K könnte gegen V einen Anspruch auf Schadensersatz statt der Leistung aus § 311 a II 1 Alt. 1 haben.

1. K und V haben einen Kaufvertrag gemäß § 433 über das Buch geschlossen. Dieser Vertrag ist nach § 311 a I auch wirksam.

2. V ist aufgrund § 275 I Alt. 2 von seiner Leistungspflicht befreit.

3. Das Leistungshindernis müsste bereits bei Vertragsschluss vorgelegen haben. Angela Merkel hat dieses Buch nicht geschrieben. Damit lag das Leistungshindernis bereits bei Vertragsschluss vor.

4. V müsste das Leistungshindernis gemäß § 311 a II 2 Alt.1 gekannt haben. V, der zu jeder Zeit über die Sachlage Bescheid wusste, kannte das Leistungshindernis.

5. K müsste dadurch ein Schaden entstanden sein. Gemäß §§ 249 S. 1, 252 S. 1 umfasst der zu ersetzende Schaden auch den entgangenen Gewinn. Er kann das Buch nun nicht an C liefern. Dadurch entgeht ihm ein Gewinn von 30 Euro. K hat folglich einen Schaden in Höhe von 30 Euro. Auch dieses positive Interesse wird durch § 311 a II ersetzt.

Ergebnis: K hat einen Anspruch gegen V auf Schadensersatz aus § 311 a II in Höhe von 30 Euro.

Fall 2

Sachverhalt

Der K, ein Anhänger von *Brioni*-Anzügen, plant eine Ausstellung über den italienischen Modehersteller in Mainz. V erfährt davon und bietet ihm am 6. Februar ein einmaliges Foto des DFB-Teamchefs im *Brioni*-Anzug an. K schlägt sofort zu. V soll zwei Tage vor Ausstellungsbeginn liefern. Für seine Ausstellung lässt K Flugblätter für 100 Euro drucken, in denen er folgendes ankündigt: „Bei uns sehen Sie auch den DFB-Teamchef im *Brioni*-Stoff." Zwei Tage vor Ausstellungsbeginn erklärt ihm V, der Teamchef habe ihm die Weitergabe des Fotos bereits am 2. Januar untersagt, und er könne deswegen nicht liefern. Der Teamchef werde keine Ausnahmen dulden. Doch ein Unglück kommt selten allein: Ein Tag vor der Eröffnung merkt K, dass all seine Ausstellungsstücke nicht von *Brioni*, sondern von *Bruno Banani* sind. Die Ausstellung wird abgesagt. Nun möchte K von V auch nicht mehr das Foto haben, aber „wenigstens Ersatz für die 100 Euro". Zu Recht ?

Lösung

Anspruch des K gegen V auf 100 Euro Aufwendungsersatz aus § 311 a II 1 Alt. 2 für den Druck der Flugblätter

K könnte gegen V einen Anspruch aus § 311 a II 1 Alt. 2 auf Aufwendungsersatz in Höhe von 100 Euro haben.

1. Es müsste ein Schuldverhältnis bestehen. K und V haben am 6. Februar einen wirksamen Kaufvertrag nach § 433 über das Foto des Teamchefs geschlossen. Damit ist ein Schuldverhältnis entstanden.

2. Ferner müsste die Leistungspflicht des V gemäß § 275 I ausgeschlossen sein. Der Teamchef hat ihm am 2. Januar die Weitergabe untersagt. Damit ist die Leistung für V unmöglich. Freilich könnte der Teamchef durch eine Erlaubnis das Foto weitergeben oder weitergeben lassen. Eine Einwilligung des Teamchefs wird aber nicht erteilt werden, da der Teamchef klargestellt hat, es werde keine Ausnahmen geben. Somit liegt ein Leistungshindernis nach § 275 I Alt. 1 vor.

3. Das Leistungshindernis müsste auch schon bei Vertragsschluss bestanden haben (§ 311 a I a.E.). Indem V am 2. Januar, also vor Vertragsschluss, die Weitergabe untersagt worden war, liegt ein anfängliches Leistungshindernis, also anfängliche Unmöglichkeit vor.

4. V müsste ein Verschulden treffen. Dies ist dann der Fall, wenn er gemäß § 311 a II 2 die Untersagung des Teamchefs bei Vertragsschluss kannte (Alt. 1) oder die Untersagung fahrlässig nicht kannte (Alt. 2). V kannte die Sachlage genau. Folglich handelte er schuldhaft gemäß § 311 a II 2 Alt. 1.

5. K müsste gemäß § 284 Aufwendungen gemacht haben. Aufwendungen sind freiwillige Vermögensopfer. Er hat für 100 Euro Flugblätter für die Ausstellung gedruckt. Diese Ausgabe ist eine Aufwendung im Sinne des § 284.

6. Die Flugblätter müsste K gemäß § 284 gerade im Vertrauen darauf gedruckt haben, dass er das Foto erhalten würde. Indem er das Foto auf den Flugblättern ankündigte, hat er auf den Erhalt des Fotos vertraut.

7. K müsste diese Aufwendungen billigerweise auch gemacht haben dürfen. Es bestehen keine Anhaltspunkte, dass die Aufwendungen außer Verhältnis zum Zweck stehen. K durfte sie gemäß § 284 billigerweise machen.

8. Allerdings könnte der Anspruch nach § 284 a.E. ausgeschlossen sein. Dazu dürfte der Zweck der Ausstellung auch ohne die Pflichtverletzung des Schuldners nicht erreicht worden sein. Zweck der Flugblätter war der Hinweis auf die Ausstellung. Durch das Versehen des K, der *Brioni* mit *Bruno Banani* vertauscht hatte, wurde die Ausstellung abgesagt. Folglich hätten die Flugblätter auch bei ordnungsgemäßer Lieferung des Fotos durch V ihren Zweck verfehlt. Damit ist der Anspruch nach § 284 a.E. ausgeschlossen.

Ergebnis: K hat keinen Anspruch auf Aufwendungsersatz aus § 311 a II 1 Alt. 2 in Höhe von 100 Euro gegen V.

Fall 3

Sachverhalt

K hat im Einzelhandelsgeschäft des V eine Standuhr für 200 Euro gesehen. Er kann sich aber erst am Abend zu einem Kauf entschließen und ruft V daher in dessen Wohnung an. V verkauft K die Standuhr und K bezahlt sofort mittels Internet-Banking. Allerdings weiß V nicht, dass die Uhr nach Geschäftsschluss, aber vor dem Telefonat verbrannt ist. Am Tag darauf meldet V den Schaden bei seiner Versicherung. Sie zahlt ihm 200 Euro. K erfährt von der ganzen Sache erst, nachdem er seinerseits die Uhr für 250 Euro an C verkauft hat. Ansprüche des K ?
Abwandlung: Was ändert sich, wenn die Versicherungssumme 300 Euro betrug?

Lösung

I. Anspruch des K gegen V aus § 433 I 1 auf Übergabe und Übereignung der Uhr

K könnte gegen V einen Anspruch auf Übergabe und Übereignung der Uhr aus § 433 I 1 haben.

1. Zwischen V und K muss ein Schuldverhältnis bestehen. V und K haben einen wirksamen Kaufvertrag nach § 433 geschlossen.
2. V könnte jedoch nach § 275 I Alt. 2 von der Leistung befreit sein. Dazu müsste die Leistung jedermann unmöglich sein. Die Uhr ist verbrannt. Folglich kann weder V noch sonst jemand die Leistung erbringen. Also ist V von seiner Primärleistungspflicht gemäß § 275 I Alt. 2 befreit.

Ergebnis: Damit hat K keinen Anspruch gegen V auf Übergabe und Übereignung der Uhr aus § 433 I 1.

II. Anspruch des K gegen V auf 250 Euro Schadensersatz aus § 311 a II 1 Alt. 1

K könnte gegen V einen Anspruch auf 250 Euro Schadensersatz aus § 311 a II 1 Alt. 1 haben.

1. Ein wirksamer Vertrag zwischen K und V liegt vor.
2. V müsste von seiner Leistung gemäß § 275 befreit sein (§ 311 a I). Nachdem die Uhr verbrannte, kann V nicht mehr liefern. Die Erbringung der Leistung wurde nach § 275 I Alt. 2 unmöglich.
3. Indem die Uhr vor dem telefonischen Vertragsschluss verbrannte, lag das Leistungshindernis bei Vertragsschluss (§ 311 a I) vor.
4. Fraglich ist, ob V das Leistungshindernis nach §§ 311 a II 2, 276 I zu vertreten hat. Dies ist dann der Fall, wenn er gemäß § 311 a II 2 Alt. 1 von dem Untergang der Uhr bei Vertragsschluss wusste oder gemäß § 311 a II 2 Alt. 2 den Untergang fahrlässig nicht kannte. V wusste nicht, dass die Uhr nach Geschäftsschluss, aber vor dem Telefonat verbrannt ist. Er hätte es auch nicht wissen müssen. Damit hat er das Leistungshindernis nicht zu verschulden.

Ergebnis: Folglich hat K keinen Anspruch gegen V aus § 311 a II 1 Alt. 1 auf Schadensersatz in Höhe von 250 Euro.

III. Anspruch des K gegen V auf Herausgabe des Ersatzes in Höhe von 200 Euro aus § 285 I Alt. 1.

K könnte gegen V einen Anspruch auf Herausgabe des Ersatzes (stellvertretendes commodum) in Höhe von 200 Euro aus § 285 I Alt. 1 haben.

1. Ein wirksamer Kaufvertrag über die Uhr liegt vor.

2. V ist gemäß § 275 I von der Leistung befreit, da die Uhr verbrannt ist.

3. V müsste gemäß § 285 I infolge des Umstandes, aufgrund dessen er die Leistung nicht zu erbringen braucht, einen Ersatz erhalten haben. Aufgrund des Brandes wurde V von seiner Leistung befreit. Infolge dieser Leistungsbefreiung hat V für die Uhr einen Ersatz von der Versicherung in Höhe von 200 Euro erhalten.

4. V könnte die Einrede des nichterfüllten Vertrags erheben. Dazu dürfte K aber seine Gegenleistung noch nicht erbracht haben. Indem K bereits den Kaufpreis via Internet-Banking auf das Konto des V überwiesen hatte, hat er die Gegenleistung erbracht. Also steht V die Einrede des nichterfüllten Vertrages nach § 320 nicht zu.

Ergebnis: K hat einen Anspruch gegen V auf Herausgabe des Ersatzes in Höhe von 200 Euro aus § 285 I Alt. 1.

Abwandlung: Wenn die Versicherungssumme 300 Euro betrug, kann K auch diese in voller Höhe verlangen. Er hat zwar nur 200 Euro für die Uhr bezahlt. Nach § 285 steht ihm aber ein Anspruch auf das „als Ersatz Empfangene" in voller Höhe zu.

Anmerkung

1. Schwierigkeit des Falles war die Subsumtion unter § 285, der das „stellvertretende commodum" regelt. Ansprüche aus § 285 beziehen sich immer auf den *vollen* Ersatz, auch wenn der Käufer dadurch einen „Gewinn" macht (wie hier in der Abwandlung). Nur in diesem Fall ist es wirtschaftlich sinnvoll, das „stellvertretende commodum" zu verlangen, da der Käufer zur Gegenleistung verpflichtet bleibt.

2. Beachten Sie, dass V eine Einrede aus nichterfülltem Vertrag nach § 320 zustehen würde, wenn K noch nicht bezahlt hätte. Hier hatte K direkt nach Abschluss des Kaufvertrages bezahlt (via „Internet-Banking").

3. Denken Sie bei der Lösung solcher Fälle immer klausurtaktisch: Welchen Sinn haben bestimmte Angaben im Sachverhalt? Im vorliegenden Fall hatte K die Uhr an C weiterverkauft. Das sollte Sie darauf stoßen, auch den Anspruch auf Schadensersatz zu prüfen.

4. Wenn Sie den Begriff „Versicherung" im Sachverhalt lesen, müssen Sie immer an § 285 denken.

Fall 4

Jurastudent J möchte endlich mitreden können. Er kauft sich deshalb beim Einzelhändler V einen Holz-Fernseher (Einzelstück) für 95 Euro, um jeden Donnerstag *Harald Schmidt* (seit 17.9.2009 wieder auf Sendung) zu sehen. V soll zwei Tage später liefern, dann will J auch bezahlen. Zu beidem kommt es jedoch nicht: Das Gerät war nur eine Fernseherattrappe, innen vollkommen hohl und von Holzwürmern befallen. Es brach zusammen. V wusste davon und hatte das Stück zum Glück für 100 Euro versichert. J muss nun mit dem Fahrrad zu seiner Freundin fahren, um dort *Harald Schmidt* zu sehen. Vertragliche Ansprüche des J gegen V ?

<u>Lösung</u>

I. Anspruch des J gegen V aus § 433 I 1 auf Übergabe und Übereignung des Fernsehers

J könnte gegen V einen Anspruch aus § 433 I 1 auf Übergabe und Übereignung des Fernsehers aus § 433 I 1 haben.

1. Dazu müsste ein Kaufvertrag zwischen J und V vorliegen. J und V haben einen wirksamen Kaufvertrag nach § 433 geschlossen.

2. V könnte jedoch nach § 275 I Alt. 2 von der Leistung befreit sein. Dann dürfte V nicht mehr leisten können. Der Fernseher ist zusammengebrochen. Damit kann V nicht mehr leisten, und er ist von der Leistung gemäß § 275 I Alt. 2 befreit.

Ergebnis: J hat keinen Anspruch gegen K auf Übergabe und Übereignung des Fernsehers aus § 433 I 1.

II. Anspruch des J gegen V auf Schadensersatz aus § 311 a II 1 Alt. 1

J könnte gegen V einen Anspruch auf Schadensersatz aus § 311 a II 1 Alt. 1 haben.

1. Ein wirksamer Kaufvertrag zwischen J und V liegt vor.

2. V wurde von seiner Leistungspflicht gemäß § 275 I frei (siehe unter I.).

3. Fraglich ist, ob das Leistungshindernis schon bei Vertragsschluss vorlag (§ 311 a I a.E.). Am Tag des Kaufvertrages war der Fernseher bereits von Holzwürmern befallen und vollkommen ausgehöhlt. Mit diesem Gerät hätte J niemals *Harald Schmidt* sehen können. Damit lag das Leistungshindernis bereits am Tag des Vertragsschlusses vor.

4. V wusste von dem Holzwurmbefall und kannte damit das Leistungshindernis, § 311 a II 2 Var. 1.

5. J müsste einen Schaden haben. Dafür gibt es jedoch keine Hinweise; insbesondere ist noch kein Schaden, dass J nun bei seiner Freundin *Harald Schmidt* sehen muss.

Ergebnis: J hat keinen Anspruch gegen V auf Schadensersatz aus § 311 a II 1 Alt. 1.

III. Anspruch des J gegen V auf Abtretung des Ersatzanspruchs in Höhe von 100 Euro aus § 285 I Alt. 2.

J könnte gegen V einen Anspruch auf Abtretung des Ersatzanspruchs in Höhe von 100 Euro aus § 285 I Alt. 2 haben.

1. Ein wirksamer Kaufvertrag gemäß § 433 über den Fernseher liegt vor.

2. V ist gemäß § 275 I von der Leistung befreit (s.o. unter I.2.).

3. Aufgrund dieser Leistungsbefreiung könnte V gemäß § 285 I einen Ersatzanspruch erlangt haben. Der Fernseher war versichert. Durch den Verlust des Gerätes erhielt V als Ersatz einen Anspruch in Höhe von 100 Euro gegen seine Versicherung. Gemäß § 285 I Var. 2 kann J von V die Abtretung dieses Anspruchs verlangen.

4. V könnte jedoch die Einrede des nichterfüllten Vertrages nach § 320 zustehen. Dafür müsste V einen Anspruch auf Kaufpreiszahlung in Höhe von 95 Euro gegen J aus § 433 II haben.

Zwar wurde zwischen J und V ein Kaufvertrag geschlossen. Dadurch ist der Anspruch auf Kaufpreiszahlung entstanden. Dieser könnte jedoch nach § 326 I 1 entfallen sein. V musste aufgrund von § 275 I nicht leisten. Damit ist der Anspruch auf die Gegenleistung nach § 326 I 1 grundsätzlich entfallen.

V könnte den Anspruch auf Kaufpreiszahlung aber gemäß § 326 III 1 behalten haben. Dies ist der Fall, wenn der Vertragspartner, wie J im vorliegenden Fall, die Abtretung des Ersatzanspruchs gemäß § 285 I Alt. 2 verlangt. J bleibt also nach § 326 III 1 zur Gegenleistung verpflichtet. Diese hat er noch nicht erbracht.

Die Gegenleistung könnte aber gemindert sein nach § 326 III 2. Dafür müsste der Ersatzanspruch hinter dem Wert der Sache zurückbleiben. Hier übersteigt der Ersatzanspruch den Wert der Sache um 5 Euro. Folglich mindert sich die Gegenleistung nicht nach § 326 III 2.

Also hat V einen Anspruch auf Kaufpreiszahlung in Höhe von 95 Euro aus § 433 II gegen J. Deshalb steht V die Einrede des nichterfüllten Vertrages nach § 320 zu.

Ergebnis: J hat einen Anspruch gegen V auf Abtretung des Ersatzanspruches in Höhe von 100 Euro aus § 285 I Alt. 2, Zug um Zug gegen Zahlung des Kaufpreises aus § 433 II in Höhe von 95 Euro. Wird die Aufrechnung erklärt, stehen J gegen V noch 5 Euro zu.

Anmerkung

Probleme des Falles waren der Ersatzanspruch nach § 285 I, diesmal in der Variante einer Abtretung des Anspruchs (die Versicherung hatte ja noch nicht gezahlt) sowie die Einrede des § 320. Dieses Problem taucht immer dann auf, wenn der Gläubiger seine Gegenleistung, also i.d.R. die Zahlung, noch nicht erbracht hat. Schadensersatz musste hier verneint werden, da es für einen Schaden keinen Hinweis im Sachverhalt gibt.

Fall 5

Sachverhalt

Konzertveranstalter K hat es am 28. Juni endlich geschafft, den berühmten Dirigenten D aus Berlin in die Kleinstadt Bad Breisig zu locken. D soll dort am 1. Juli auftreten. K musste sich gleichzeitig verpflichten, dafür Werbung in Höhe von 500 Euro zu machen und ein Top-Orchester für 20 000 Euro zu engagieren. Ganz Bad Breisig ist aus dem Häuschen, auch der örtliche Lokalsender will das Konzert live übertragen. D muss jedoch am 30. Juni absagen: Wie er erst jetzt erfahren habe, sei bereits am 26. Juni sein sechsjähriger Sohn, der sich im Urlaub in den USA befand, in eine Intensivstation eingeliefert worden und schwebe in Lebensgefahr. D fliegt nun in die USA statt nach Bad Breisig. Kann K Schadensersatz von D verlangen?

Lösung

Anspruch des K gegen D auf Schadensersatz in Höhe von 20 500 Euro aus § 311 a II 1 Alt. 1

K könnte gegen D einen Anspruch auf Schadensersatz in Höhe von 20 500 Euro aus § 311 a II 1 Alt. 1 haben.

1. Dazu müsste ein Schuldverhältnis vorliegen. K und D haben einen Werkvertrag nach § 631 geschlossen.

2. Fraglich ist, ob ein Leistungshindernis nach § 275 vorliegt.

a) Dies ist gemäß § 275 I Alt. 1 der Fall, wenn der Schuldner die Leistung nicht erbringen kann. D könnte, wenn er seinen Sohn nicht besuchen würde, das Konzert dirigieren. Damit ist die Leistung nach § 275 I Alt. 1 nicht unmöglich.

b) D könnte aber die Einrede des § 275 III erhoben haben. Dann müsste er die Leistung persönlich zu erbringen haben, und es dürfte ihm nicht zugemutet werden können, die Leistung zu erbringen. D kann sich als Stardirigent nicht vertreten lassen. Er muss die Leistung persönlich erbringen. Das entgegenstehende Hindernis ist die Einlieferung seines Sohnes in ein Krankenhaus in den USA. Das Leistungsinteresse des Gläubigers K besteht darin, dass er sehr viel Geld für das Konzert investiert hat und ganz Bad Breisig aus dem Häuschen ist. Zwischen beiden Interessen muss abgewogen werden (§ 275 III). Die Einlieferung auf die Intensivstation stellt eine große Gefahr für das Leben des Sohnes dar. Dieser ist erst sechs Jahre alt. Die Familie darf in einer solchen Situation nicht auseinandergerissen werden, so verlangt es auch Art. 6 I, II 1 GG. Folglich ist D die Erfüllung nicht zuzumuten. Die Abwägung geht zugunsten des D aus. Er hat damit ein Leistungsverweigerungsrecht nach § 275 III.

3. Indem der Sohn des D vor Vertragsschluss krank wurde, liegt das Leistungshindernis bereits bei Vertragsschluss vor, § 311 a I a.E.

4. D dürfte dieses Leistungshindernis freilich nach §§ 311 a II 2 nicht gekannt haben oder kennen müssen. Beides war nicht der Fall.

Ergebnis: K hat keinen Anspruch auf Schadensersatz gegen D aus § 311 a II 1 Alt. 1 in Höhe von 20 500 Euro.

Anmerkung

Die Schwierigkeit dieses Falles war § 275 III, der für höchstpersönliche Verträge gilt. Hier muss eine Abwägung getroffen werden. Wird das Kind erst *nach* Vertragsschluss krank, ist ein Anspruch des Gläubigers aus §§ 280 I, III, 283 S.1 zu prüfen. Dieser Anspruch besteht aber nicht, wenn der Schuldner die Krankheit seines Kindes nicht zu vertreten hat.

Fall 6

Sachverhalt

Die Kommilitoninnen V und K schließen an der Uni einen Kaufvertrag über einen Ring, der sich bei V im Wohnheim befindet, und den K auf dem Uni-Ball tragen möchte. K will die vereinbarten 20 Euro bei Lieferung zahlen. Als V eilig ins Wohnheim zurückkehrt, merkt sie, dass der Hausmeister H seine Drohungen wahr gemacht hat und ihr Zimmer gründlich aufgeräumt hat. H beruft sich dabei auf seine Rechte aus der Hausordnung, die jeder Mieter unterschrieben hat. Allerdings entsorgte H ungewollt auch den Ring, der ungeschützt zwischen einem Haufen Papier lag. Leider kam die Müllabfuhr kurze Zeit später, und der Ring befindet sich nun irgendwo auf der Deponie am Rande der Stadt.
K sagt, V solle den Ring besorgen. V lehnt dies ab. Deshalb fordert K Ersatz in Geld dafür, dass sie nun einen gleichartigen Ring für 45 Euro kaufen müsse. Ansprüche der K ?

Hinweis: Gehen Sie davon aus, dass die Aktion des H rechtmäßig war.

Lösung

I. Anspruch der K gegen V aus § 433 I 1 auf Übergabe und Übereignung des Ringes

K könnte gegen V einen Anspruch aus § 433 I 1 auf Übergabe und Übereignung des Ringes haben.

1. Zwischen V und K müsste ein Kaufvertrag nach § 433 bestehen. V und K haben einen solchen geschlossen.

2. V könnte jedoch gemäß § 275 von der Leistung befreit sein.

a) Gemäß § 275 I Alt.1 darf der Schuldner die Leistung nicht mehr erbringen können. Zwar liegt der Ring nun auf einer Mülldeponie, allerdings ist es nicht unmöglich, diesen Ring dort wiederzufinden. Somit scheidet § 275 I aus.

b) V könnte die Einrede des § 275 II erhoben haben. Sie weigert sich, nach dem Ring zu suchen. Die Einrede des § 275 II müsste ihr auch materiell zustehen. Dies ist dann der Fall, wenn die Leistung einen unverhältnismäßigen Aufwand erfordert. Die Suche nach einem Ring auf einer Deponie gestaltet sich ebenso schwer wie die Suche nach einer Nadel im Heuhaufen. Weiterhin ist es nicht besonders angenehm, auf einer Deponie nach einem Gegenstand zu suchen. Schließlich können auch gesundheitliche Gefahren drohen.

Dagegen steht das geringe Affektionsinteresse der K, mit dem Ring auf den Uni-Ball zu gehen. Zwar könnte V den Verlust des Ringes zu vertreten haben, da sie ihr Zimmer nicht aufräumte und mit einem Einsatz des Hausmeisters rechnen musste (§ 275 II 2). Allerdings steht das Interesse der K trotzdem noch in einem groben Missverhältnis zum Interesse der V, nicht auf der Deponie suchen zu müssen. Damit steht V die Einrede des § 275 II zu. Es liegt ein Leistungshindernis vor.

Ergebnis: K hat nach § 433 I 1 keinen Anspruch gegen V auf Übergabe und Übereignung des Ringes.

II. Anspruch der K gegen V auf Schadensersatz aus § 311 a II 1 Alt. 1 in Höhe von 45 Euro

K könnte einen Anspruch gegen V auf Schadensersatz aus § 311 a II 1 Alt. 1 in Höhe von 45 Euro haben.

1. Ein wirksamer Kaufvertrag zwischen K und V liegt vor.

2. V ist von der Leistungspflicht nach § 275 II befreit (siehe unter I.).

3. Das Leistungshindernis müsste anfänglich sein, also vor Vertragsschluss bestanden haben (§ 311 a I a.E.). Indem der Ring vor Vertragsschluss von H entsorgt wurde, liegt ein anfängliches Leistungshindernis vor.

4. Fraglich ist, ob V von dem Verlust des Ringes nach § 311 a II 2 wusste, oder sie ihre Unkenntnis zu vertreten hat. Sie wusste nicht, dass H den Ring weggeworfen hat, ihre Unkenntnis könnte jedoch nach § 276 I 1 auf Fahrlässigkeit beruhen. Fahrlässig handelt, wer die im Verkehr erforderliche Sorgfalt außer Acht lässt (§ 276 II). H hatte mehrmals mit dem Aufräumen des Zimmers gedroht. Dazu hat er als Hausmeister auch ein Recht aus der Hausordnung.

Indem V trotzdem den Ring ungeschützt zwischen einigen Zeitungen aufbewahrt hatte, musste sie damit rechnen, dass der Ring bei einer Aufräumaktion weggeworfen werden könnte. Indem V sich vor dem Verkauf nicht vergewisserte, ob der Ring noch an der gewohnten Stelle lag, ließ sie die im Verkehr erforderliche Sorgfalt außer Acht. Ihre Unkenntnis beruhte auf Fahrlässigkeit. Folglich hat V ihre Unkenntnis vom Verlust des Ringes nach §§ 311 a II 2, 276 I 1, II zu vertreten.

5. K müsste einen Schaden haben. Sie muss einen neuen Ring für 45 Euro kaufen, da V ihren Ring nicht geleistet hatte. Für den verschollenen Ring hätte sie 20 Euro bezahlen müsse. Damit hat K einen Schaden in Höhe von 25 Euro.

Ergebnis: K hat einen Anspruch gegen V auf Schadensersatz aus § 311 a I 1 Alt. 1 in Höhe von 25 Euro.

II. Nachträgliche Unmöglichkeit

Grundfall: V und E schließen einen Leihvertrag über das Buch „Hier irrte Kant".

Was kann L verlangen, wenn ...	Anspruchsgrundlage	Rechtsfolge
V das Buch nach Vertragsschluss fahrlässig verbrennen ließ.	§§ 280 I, III i.V.m. 283, 284 nachträgliche Unmöglichkeit	SchadensE oder AufwendungsE

Überblick

Die nachträgliche Unmöglichkeit erfasst die Fälle, in denen der Schuldner aufgrund eines nach Vertragsschluss eintretenden Ereignisses die Leistung nicht mehr erbringen kann. Diese Fälle sind „Pflichtverletzungen". Es gilt daher § 280. Schadensersatz kann nach §§ 280 I, III i.V.m. 283 verlangt werden, Aufwendungsersatz nach §§ 280 I, III i.V.m. 283, 284.

Primäranspruch auf die Leistung

I. Primäranspruch auf die Leistung

1. Anspruch entstanden: Wirksamer Vertrag.
2. Anspruch untergegangen: Unmöglichkeit, § 275 I – III.

Rechtsfolge: Kein Primäranspruch auf die Leistung.

Schadensersatz bei nachträglicher Unmöglichkeit

II a. Sekundäranspruch auf Schadensersatz statt der Leistung nach §§ 280 I, III i.V.m. 283 S.1

1. Wirksamer Vertrag.
2. Leistungshindernis des Schuldners, § 275:
   a) § 275 I: Leistung ist für den Schuldner oder jedermann unmöglich.
   b) § 275 II, III: Dem Schuldner steht ein Erfüllungsverweigerungsanspruch zu.
3. Pflichtverletzung nach Vertragsschluss (Umkehrschluss § 311 a I a.E.).
4. Vertretenmüssen des Schuldners, § 280 I 2 i.V.m. § 276.
5. Schaden aufgrund der Pflichtverletzung.

Rechtsfolge: Schadensersatz statt der Leistung.

Alternativ, falls nur ein Teil der Leistung unmöglich ist,
die Pflichtverletzung aber erheblich ist:

II b. Sekundäranspruch auf Schadensersatz statt der ganzen Leistung nach §§ 280 I, III, 283 S. 2 i.V.m. 281 I 3 (unbeschränkter Schadensersatz)

1. – 2.: wie oben.

3.: *Erhebliche* Pflichtverletzung nach Vertragsschluss, § 283 S. 2 i.V.m. § 281 I 3.

4. – 5.: wie oben.

Rechtsfolge: Schadensersatz statt der ganzen Leistung.

Aufwendungsersatz bei nachträglicher Unmöglichkeit

II c. Sekundäranspruch auf Aufwendungsersatz nach §§ 280 I, III i.V.m. 283, 284

1. – 4.: wie oben.

5. Aufwendungen des Gläubigers, § 284.
6. Aufwendungen wurden im Vertrauen auf den Erhalt der Leistung gemacht, § 284.
7. Gläubiger durfte die Aufwendungen billigerweise machen (normatives Element).
8. Anspruch besteht nicht, wenn die Aufwendungen ihren Zweck auch bei ordnungsgemäßer Leistung verfehlt hätten, § 284 a.E.

Rechtsfolge: Aufwendungsersatz statt der Leistung.

Fall 7

Sachverhalt

V und L schließen am 2. Februar einen Leihvertrag über das Fastnachtskostüm „Gorilla". Vor der vereinbarten Übergabe am 10. Februar verbrennt das Kostüm im Keller des V. Die Ursache ist ein Kurzschluss, den V leicht fahrlässig verursacht hat. L muss sich nun für den Fastnachtsball ein Kostüm für 200 Euro mieten. Kann er diese Summe von V verlangen?

Lösung

Anspruch des L gegen V auf Schadensersatz aus §§ 280 I, III i.V.m. 283 S.1 in Höhe von 200 Euro

L könnte gegen V einen Anspruch auf Schadensersatz statt der Leistung aus §§ 280 I, III i.V.m. 283 S.1 in Höhe von 200 Euro haben.

1. Es müsste ein Schuldverhältnis vorliegen. L und V haben einen Leihvertrag nach § 598 geschlossen.

2. V müsste gemäß § 283 S.1 wegen § 275 von der Leistung befreit sein. Dies wäre der Fall, wenn es V gemäß § 275 I unmöglich ist, das Kostüm zu verleihen. Das Fastnachtskostüm ist verbrannt. Folglich kann V es nicht mehr ausleihen. Damit ist er nach § 275 I von der Leistung befreit.

3. Die Unmöglichkeit müsste nach Vertragsschluss eingetreten sein (Umkehrschluss aus § 311 a I a.E.). Das Kostüm verbrannte nach dem 2. Februar. Somit liegt eine Pflichtverletzung nach Vertragsschluss vor.

4. V müsste diese Pflichtverletzung zu vertreten haben (§ 280 I 2). Der Schuldner hat gemäß § 599 nur Vorsatz und grobe Fahrlässigkeit zu vertreten. Grund des Brandes war ein Kurzschluss, den V nur leicht fahrlässig verursacht hat. Folglich hat er gemäß § 280 I 2 i.V.m. § 599 die Pflichtverletzung nicht zu vertreten.

Ergebnis: L hat keinen Anspruch gegen V auf Schadensersatz statt der Leistung aus §§ 280 I, III i.V.m. 283 S. 1 in Höhe von 200 Euro.

Fall 8

Sachverhalt

V und L schließen am 2. Februar einen Leihvertrag über das Videoband „*Nirgendwo in Afrika*". L will den Film bei seiner Geburtstagsfeier zeigen, zu der er 100 Gäste erwartet. Vor der vereinbarten Übergabe am 10. Februar verbrennt das Band im Keller des V. Ursache war ein Kurzschluss in der Elektrik seiner Modell-Eisenbahn. V hatte diese Elektrik am 9. Februar repariert, obwohl er als Anwalt technisch völlig unbegabt ist und in der Bedienungsanleitung vermerkt war, man solle die Elektrik nur von einem Experten austauschen lassen. L muss sich nun ein Band aus der Videothek mieten und bezahlt dafür 5 Euro. Kann er diese Summe von V verlangen?

Lösung

Anspruch des L gegen V auf Schadensersatz aus §§ 280 I, III i.V.m. 283 S.1 in Höhe von 5 Euro

L könnte gegen V einen Anspruch auf Schadensersatz aus §§ 280 I, III i.V.m. 283 S.1 in Höhe von 5 Euro haben.

1. Es müsste ein Schuldverhältnis vorliegen. L und V haben einen Leihvertrag nach § 598 geschlossen.

2. V müsste gemäß § 283 S.1 wegen § 275 von der Leistung befreit sein. Das Videoband ist verbrannt. Folglich kann V nicht mehr liefern. Damit ist er nach § 275 I von der Leistung befreit.

3. Die Unmöglichkeit müsste nach Vertragsschluss eingetreten sein (Umkehrschluss aus § 311 a I a.E.). Das Band verbrannte nach dem 2. Februar. Somit liegt eine Pflichtverletzung nach Vertragsschluss vor.

4. V müsste diese Pflichtverletzung zu vertreten haben (§ 280 I 2). Der Schuldner eines Leihvertrages hat gemäß § 599 nur Vorsatz und grobe Fahrlässigkeit zu vertreten. Grund des Brandes war ein Kurzschluss in der Elektrik. V hatte diese Elektrik trotz seiner technischen Ungeschicklichkeit und trotz des Hinweises in der Anleitung selbst repariert. Damit konnte V wissen, dass die Elektrik auch weiterhin fehlerhaft sein könnte. Er handelte somit grob fahrlässig (§ 599) und hat die Pflichtverletzung nach § 280 I 2 zu vertreten.

5. L müsste einen Schaden haben. Er war gezwungen, sich das Band in der Videothek auszuleihen, was 5 Euro kostete. Von V hätte er es kostenlos erhalten. Damit hatte er einen Schaden in Höhe von 5 Euro.

Ergebnis: Folglich hat L gegen V einen Anspruch auf Schadensersatz in Höhe von 5 Euro aus §§ 280 I, III i.V.m. 283.

Fall 9

Sachverhalt

A und B sind Nachbarn. Eines Tages will A verreisen. Innerhalb eines längeren Gesprächs bittet er deshalb B, seine drei kleinen Kressetöpfe, die vor der Haustüre stehen, „ab und zu“ zu gießen, sollte es nicht ausreichend regnen. B sagt daraufhin zu A: „Ich werde vielleicht mal vorbeischauen.“ Anschließend sprechen beide noch über den Abstieg des FC Bayern München in die 2. Bundesliga und verabschieden sich, ohne noch einmal über die Kresse gesprochen zu haben. Als A wiederkommt, ist die Kresse vertrocknet. B hatte vergessen, diese zu gießen. A kauft im Supermarkt neue Kresse für 2 Euro. Besteht ein vertraglicher Anspruch des A gegen B auf Schadensersatz ?

Lösung

Anspruch des A gegen B auf Schadensersatz aus §§ 280 I, III i.V.m. 283 in Höhe von 2 Euro

A könnte gegen B einen Anspruch auf Schadensersatz aus §§ 280 I, III i.V.m. 283 in Höhe von 2 Euro haben.

1. Dazu müsste ein wirksamer Vertrag vorliegen. In Betracht kommt ein Auftrag gemäß § 662. Allerdings ist fraglich, ob B tatsächlich einen Vertrag schließen wollte. Dazu müsste er einen Rechtsbindungswillen gehabt haben.

Daran könnte man vorliegend deshalb zweifeln, da B äußerte, er werde „vielleicht mal vorbeischauen“. Indizien für das Vorliegen eines Rechtsbindungswillens sind die wirtschaftliche Bedeutung der Tätigkeit und der Wert der anvertrauten Sache. Die Kresse hat nur einen geringen wirtschaftlichen Wert. Angesichts der Tatsache, dass B nicht eindeutig zum Ausdruck gebracht hat, dass er eine Verpflichtung eingehen wollte (fehlender Rechtsbindungswille), ist von einem Gefälligkeitsverhältnis auszugehen, das keine vertraglichen Pflichten entstehen lässt.
Somit liegt kein wirksamer Vertrag vor.

2. Mangels wirksamen Vertrags entstehen keine Ansprüche auf Schadensersatz.

Ergebnis: A hat keinen Anspruch gegen B auf Schadensersatz in Höhe von 2 Euro aus §§ 280 I, III i.V.m. 283.

Fall 10

Sachverhalt

K, die bald heiraten wird, interessiert sich für Hochzeitskleider. Im Schaufenster des V sieht sie ein rotes Kleid, daneben steht ein Preisschild: 1000 Euro. „Das nehme ich!“, sagt sie und betritt den Laden. Dort findet sie den V, welcher meint, das Kleid werde ihr hervorragend stehen. Ohne es anzuprobieren, kauft K das Kleid. Mitnehmen kann sie das gute Stück aber erst am folgenden Tag, da V zuvor die Fensterdekoration erneuern möchte. Kurz darauf findet K in einem anderen Laden einen roten Schleier, den es nur sehr selten gibt, und der wunderbar zum Kleid passt. Sie kauft den roten Schleier für 122 Euro. In der darauffolgenden Nacht bricht der Gelegenheitsdieb D in das Geschäft des V ein. D hatte zufällig gemerkt, dass V die Ladentür nicht verschlossen hatte. D nimmt das rote Kleid mit. Am kommenden Tag teilt V der K mit, er könne das Kleid nicht liefern. K erhält ihr Geld zurück. Sie kann nun aber auch den Schleier nicht mehr gebrauchen und verlangt deshalb von V Ersatz. Zu Recht ?

Zusatzfrage: K möchte *außerdem* 50 Euro, die ein neues Kleid mehr kostet, ersetzt bekommen. Was raten Sie als Anwalt ihrer Mandantin K ?

<u>Lösung</u>

Anspruch der K gegen V auf Aufwendungsersatz aus §§ 280 I, III i.V.m. 283, 284 in Höhe von 122 Euro für den Schleier

K könnte gegen V einen Anspruch auf Aufwendungsersatz in Höhe von 122 Euro aus §§ 280 I, III i.V.m. 283, 284 haben.

1. Dazu müssten V und K einen wirksamen Kaufvertrag über das Kleid geschlossen haben, § 433. Ein Vertrag verlangt zwei übereinstimmende Willenserklärungen, also Angebot und Annahme.

a) Ein Angebot im Sinne des § 145 könnte in der Schaufensterdekoration des V gesehen werden. Dort sind Kleid und Preis dargestellt. Durch Auslegung ist zu ermitteln, ob es sich dabei lediglich um eine Aufforderung zur Offerte (invitatio ad offerendum) handelt. Bei Verlautbarungen an die Allgemeinheit fehlt es am Geschäftswillen. Wäre die Auslage ein Angebot, so könnte eine unbegrenzte Zahl von Personen gültige Verträge zustande bringen. Ein Anbieter, der nicht alle Verträge erfüllen kann, würde sich schadensersatzpflichtig machen. Daher ist davon auszugehen, dass es sich bei der Dekoration nur um eine Einladung handelt, ein Angebot abzugeben. Somit ist die Schaufensterdekoration kein Angebot des V.

b) Im Geschäft haben sich V und K über Kaufsache und Kaufpreis geeinigt.
Damit haben beide einen wirksamen Kaufvertrag nach § 433 über das Kleid geschlossen.

2. Weiterhin müsste V von seiner Leistung nach § 275 befreit sein (§ 283 S.1). Dies ist der Fall, wenn die Leistung dem Schuldner gemäß § 275 I unmöglich ist. D hat das Kleid gestohlen. Folglich kann V nicht mehr leisten. Er ist nach § 275 I von seiner Leistungspflicht befreit.

3. Die Unmöglichkeit trat nach Vertragsschluss ein (Umkehrschluss aus § 311 a I a.E.).

4. V müsste die Unmöglichkeit auch zu vertreten haben, § 280 I 2. Der Schuldner hat gemäß § 276 I 1 Vorsatz und Fahrlässigkeit zu vertreten. Fahrlässig handelt nach § 276 II, wer die im Verkehr erforderliche Sorgfalt außer Acht lässt. V hat die Tür seines Ladens am Abend nicht abgeschlossen. Wer die im Verkehr erforderliche Sorgfalt beachtet, hält seine Ladentüre über Nacht verschlossen. Damit handelte V fahrlässig nach § 276 I, II. Er hat die Pflichtverletzung zu vertreten (§ 280 I 2).

5. Weiterhin müsste K Aufwendungen gemäß § 284 getätigt haben. Aufwendungen sind freiwillige Vermögensopfer. K hat sich einen roten Schleier für 122 Euro gekauft. Dies ist eine Aufwendung im Sinne des § 284.

6. K müsste diese Aufwendung im Vertrauen auf den Erhalt der Leistung gemacht haben (§ 284). Der rote Schleier passt nur zu dem von ihr gekauften roten Kleid. Damit hat sie die Aufwendung von 122 Euro für den roten Schleier im Vertrauen auf den Erhalt des roten Kleides gemacht.

7. K müsste die Aufwendungen auch billigerweise gemacht haben dürfen. Indem die Anschaffung eines Schleiers in Höhe von 122 Euro für ein Kleid im Wert von 1000 Euro nicht außer Verhältnis ist, durfte K diese Aufwendung gemäß § 284 auch billigerweise machen.

8. Indem die der Kostenaufwand für den roten Schleier ihren Zweck bei ordnungsgemäßer Leistung nicht verfehlt hätte, liegt kein Ausschlussgrund des § 284 a.E. vor.

Ergebnis: K hat einen Anspruch gegen V auf Aufwendungsersatz in Höhe von 122 Euro aus §§ 280 I, III i.V.m. 283, 284.

Zusatzfrage: Aus der Formulierung in § 284 „**anstelle** des Schadensersatzes" ergibt sich, dass dem Käufer nur dann ein Aufwendungsersatzanspruch zusteht, wenn auch die Voraussetzungen eines Schadensersatzanspruchs vorliegen. Wegen des Begriffs „anstelle" scheinen sich Ansprüche auf Schadensersatz und Aufwendungsersatz auszuschließen. Folgt man dem Wortlaut, wäre K zu raten, den Aufwendungsersatz in Höhe von 122 Euro geltend zu machen statt des geringeren Anspruchs auf Schadensersatz in Höhe von nur 50 Euro. Das gilt aber **nur**, soweit eine Kumulation zu einer **doppelten Entschädigung** des Käufers führen würde. Abzustellen ist auf die jeweilige Schadensposition. Hier kann K zusätzlich Schadensersatz für den höheren Preis des Kleides verlangen, da dieser auf den Ersatz eines Begleitschadens gerichtet ist.

Fall 11

Sachverhalt

V und K schließen formgerecht einen Schenkungsvertrag über 30 kg Kokosbutter (einmalige Sonderanfertigung). Es wird vereinbart, dass die Angestellten die Butter am 2. Mai zu K bringen. Am Morgen des Tages beschließt K, daraus eine riesige Hochzeitstorte für seine Tochter zu backen. 15 kg schmelzen jedoch, weil die Angestellten, die ihrem Chef eins auswischen wollen, arglistig in einer Hälfte des Lieferwagens die Kühlung ausstellen. Mit nur 15 kg kann K die Torte jedoch nicht backen. Er erhält nun kurzfristig keine Kokosbutter mehr, weswegen er anderweitig eine ganze Torte kaufen muss. Diese kostet ihn 700 Euro. Kann K diese 700 Euro von V ersetzt bekommen?

Zusatzfrage: Nach welchen Normen kann V die übrig gebliebenen 15 kg Kokosbutter zurück erhalten?

Lösung

Anspruch des K gegen V auf Schadensersatz statt der ganzen Leistung in Höhe von 700 Euro aus §§ 280 I, III, 283 S. 2 i.V.m. 281 I 2

K könnte gegen V einen Anspruch auf Schadensersatz statt der ganzen Leistung in Höhe von 700 Euro aus §§ 280 I, III, 283 S. 2 i.V.m. 281 I 2 haben.

1. Zunächst müsste zwischen V und K ein Schuldverhältnis bestehen. V und K haben einen wirksamen Schenkungsvertrag nach § 516 über 30 kg Kokosbutter geschlossen.

2. V könnte jedoch nach § 275 I von der Leistung befreit sein. Dann dürfte er als Schuldner nicht mehr leisten können. Indem die Hälfte geschmolzen ist, kann V die 30 kg Kokosbutter nicht mehr liefern. Damit wird die Leistung der restlichen 15kg für V unmöglich. Er ist nach § 275 I von der Leistung befreit.

3. Weiterhin dürfte gemäß § 281 I 2 K kein Interesse an einer Teilleistung (gelieferte 15 kg Kokosbutter) haben. K brauchte 30 kg Kokosbutter für den Kuchen. V lieferte nur die Hälfte. Mit nur 15 kg kann K keinen Kuchen backen. Somit hat K kein Interesse an der Teilleistung von 15 kg Kokosbutter.

4. Schließlich müsste die Pflichtverletzung nach Vertragsschluss entstanden sein (Umkehrschluss aus § 311 a I a.E.). Die Hälfte der Kokosbutter schmolz am 2. Mai, mithin nach Vertragsschluss.

5. V müsste die Pflichtverletzung zu vertreten haben (§ 280 I 2). Er selbst hat nicht die Kühlung im Lieferwagen ausgestellt, dies taten seine Angestellten. Allerdings erstreckt sich das Vertretenmüssen des V gemäß § 278 S. 1 auch auf die Personen, denen er sich zur Erfüllung seiner Verbindlichkeit bedient. V bedient sich seiner Angestellten zur Erfüllung des Kaufvertrags über die Butter. Die Angestellten handelten vorsätzlich gemäß § 276 I 1. Damit hat V sein Verhalten gemäß §§ 278 S. 1, 521 zu vertreten. Folglich hat V die Pflichtverletzung nach § 280 I 2 zu vertreten.

6. K müsste einen Schaden aufgrund der Pflichtverletzung des V haben. Um doch noch einen Kuchen in den Händen halten zu können, muss K 700 Euro bezahlen. Damit hat K einen Schaden in Höhe von 700 Euro.

Ergebnis: K hat gegen V einen Anspruch auf Schadensersatz statt der ganzen Leistung in Höhe von 700 Euro aus §§ 280 I, III, 283 S. 2 i.V.m. 281 I 2.

<u>Zusatzfrage</u>: Die übrig gebliebenen 15 kg Kokosbutter erhält V gemäß § 281 V i.V.m. § 346 I zurück.

Anmerkung

K hat alternativ aus § 285 I Var. 2 einen Anspruch gegen V auf Abtretung von dessen Ansprüchen gegen seine Angestellten.

Fall 12

Sachverhalt

V verkauft K sein Richter-Skript „Grundrechte“ für 5 Euro. Nach Vertragsschluss und vor Übergabe wird V das Skript gestohlen. K hätte es für 6 Euro an D weiterverkaufen können. Welche Ansprüche bestehen zwischen K und V?

Lösung

I. Anspruch des K gegen V auf Übergabe und Übereignung des Skripts aus § 433 I 1

K könnte gegen V einen Anspruch auf Übergabe und Übereignung des Skripts aus § 433 I 1 haben.

1. Indem V und K einen wirksamen Kaufvertrag geschlossen haben (§ 433), ist der Anspruch entstanden.

2. V könnte jedoch nach § 275 von seiner Leistungspflicht frei geworden sein. Gemäß § 275 I ist der Anspruch auf Leistung ausgeschlossen, wenn der Schuldner nicht leisten kann. Das Richter-Skript „Grundrechte“ wurde gestohlen. Damit ist V die Leistung unmöglich, und er ist nach § 275 I von der Leistung frei geworden.

Ergebnis: K hat keinen Anspruch gegen V auf Übergabe und Übereignung des Skripts aus § 433 I 1.

II. Anspruch des K gegen V auf Schadensersatz aus §§ 280 I, III i.V.m. 283 S. 1 in Höhe von 1 Euro

K könnte gegen V einen Anspruch auf Schadensersatz in Höhe von 1 Euro aus §§ 280 I, III i.V.m. 283 S. 1 haben.

1. Dazu müsste ein Schuldverhältnis vorliegen. Ein wirksamer Kaufvertrag zwischen V und K liegt gemäß § 433 vor.

2. V ist von der Leistung nach § 275 I frei geworden (siehe oben unter I.2).

3. Das Leistungshindernis muss nachträglich sein (Umkehrschluss aus § 311 a I a.E.). Indem das Buch nach Vertragsschluss gestohlen wurde, liegt nachträgliche Unmöglichkeit vor.

4. Schließlich müsste V die Pflichtverletzung zu vertreten haben (§§ 280 I 2 i.V.m. 276 I 1). Das Richter-Skript „Grundrechte“ wurde gestohlen. Folglich hat V die Pflichtverletzung nicht zu vertreten (§ 280 I 2).

Ergebnis: K hat keinen Anspruch auf Schadensersatz gegen V in Höhe von 1 Euro aus §§ 280 I, III i.V.m. 283 S. 1.

III. Anspruch des V gegen K auf Kaufpreiszahlung in Höhe von 5 Euro aus § 433 II

V könnte gegen K einen Anspruch auf Kaufpreiszahlung in Höhe von 5 Euro aus § 433 II haben.

1. Ursprünglich ist der Anspruch aufgrund des Kaufvertrages zwischen V und K nach § 433 entstanden.

2. Der Anspruch könnte jedoch nach § 326 I 1 entfallen sein. Dazu müsste V nach § 275 I nicht zu leisten brauchen. Dies ist der Fall (siehe oben unter I.2). Damit ist der Anspruch grundsätzlich nach § 326 I 1 entfallen.

3. V könnte den Anspruch auf die Gegenleistung aber gemäß § 326 II behalten haben. Dies wäre der Fall, wenn K für den Umstand, der V von der Leistung befreite, überwiegend verantwortlich wäre, oder sich K im Annahmeverzug befunden hätte. Es gibt hier keinen Hinweis darauf, dass K für den Diebstahl verantwortlich ist; K befand sich auch nicht im Annahmeverzug. Folglich hat V den Anspruch auf die Gegenleistung nicht nach § 326 II behalten.

Ergebnis: V hat keinen Anspruch gegen K auf Kaufpreiszahlung aus § 433 II in Höhe von 5 Euro.

Anmerkung

Hier wurde nach der Rechtslage gefragt, nicht allein nach den Schadens- oder Aufwendungsersatzansprüchen. Deshalb ist auch der Anspruch nach § 433 II auf Kaufpreiszahlung zu prüfen – freilich ist er wegen § 326 I 1 untergegangen.

Fall 13

Sachverhalt

V verkauft K einen Rechner für 400 Euro. Vor der Übergabe will V mit dem Gerät noch einmal richtig angeben. Deshalb wirft er es in sein Cabrio. Ohne den Rechner zu befestigen, fährt er wild durch die Stadt. Als er das gute Stück einige Tage später K übergeben will, ist es total demoliert und nicht mehr zu gebrauchen. K hätte den Rechner für 450 Euro weiterverkaufen können. Wie ist die Rechtslage?

Lösung

I. Anspruch des K gegen V auf Übereignung des Rechners aus § 433 I 1

K könnte gegen V einen Anspruch auf Übereignung des Rechners aus § 433 I 1 haben.

1. Dazu müsste ein wirksamer Kaufvertrag vorliegen. Indem sich K und V über Kaufsache und Preis geeinigt haben, haben sie einen wirksamen Kaufvertrag nach § 433 geschlossen. Der Anspruch ist also entstanden.

2. V könnte jedoch nach § 275 I von der Leistung befreit sein. Gemäß § 275 I ist der Anspruch auf Leistung ausgeschlossen, wenn der Schuldner nicht leisten kann. Der Rechner ist total demoliert und nicht mehr zu gebrauchen. Folglich kann V die Leistung nicht mehr erbringen. Damit ist er nach § 275 I von der Leistung befreit.

Ergebnis: K hat keinen Anspruch gegen V auf Übergabe und Übereignung des Rechners aus § 433 I 1.

II. Anspruch des K gegen V auf Schadensersatz statt der Leistung in Höhe von 50 Euro aus §§ 280 I, III i.V.m. 283 S. 1

K könnte gegen V einen Anspruch auf Schadensersatz in Höhe von 50 Euro aus §§ 280 I, III i.V.m. 283 S. 1 haben.

1. Ein wirksamer Kaufvertrag gemäß § 433 liegt zwischen V und K vor.

2. V ist nach § 275 I von seiner Leistungspflicht befreit (siehe oben unter I.2).

3. Weiterhin müsste V die Pflichtverletzung nach § 280 I 2 zu vertreten haben. Vertretenmüssen umfasst nach § 276 I 1 auch Fahrlässigkeit. Fahrlässig handelt, wer die im Verkehr erforderliche Sorgfalt außer Acht lässt (§ 276 II). Indem V den Rechner in sein Cabrio wirft, diesen nicht befestigt und anschließend wild durch die Stadt fährt, lässt er die erforderliche Sorgfalt außer Acht. Damit handelt er fahrlässig. V hat die Pflichtverletzung nach § 280 I 2 zu vertreten.

4. Weiterhin ist diese Pflichtverletzung nach Vertragsschluss zwischen V und K erfolgt.

5. K müsste durch die Pflichtverletzung einen Schaden haben. Gemäß § 252 S. 1 umfasst der zu ersetzende Schaden auch den entgangenen Gewinn. Er hätte den Rechner für 450 Euro, also 50 Euro über dem eigenen Kaufpreis, weiterveräußern können. Folglich hat K einen Schaden in Höhe von 50 Euro.

Ergebnis: K hat einen Anspruch auf Schadensersatz gegen V in Höhe von 50 Euro aus §§ 280 I, III i.V.m. 283 S. 1.

III. Anspruch des V gegen K auf Zahlung des Kaufpreises aus § 433 II in Höhe von 400 Euro

V könnte gegen K einen Anspruch auf Zahlung des Kaufpreises aus § 433 II in Höhe von 400 Euro haben.

1. Ein wirksamer Kaufvertrag zwischen V und K nach § 433 liegt vor. Damit ist der Anspruch entstanden.

2. Der Anspruch könnte jedoch gemäß § 326 I 1 entfallen sein. V ist gemäß § 275 I von seiner Leistung frei geworden. Folglich ist der Anspruch nach § 326 I 1 entfallen.

Ergebnis: Damit hat V keinen Anspruch gegen K auf Zahlung des Kaufpreises in Höhe von 400 Euro aus § 433 II.

Fall 14

Sachverhalt

V verkauft K seinen Rechner auf dem Computermarkt für 100 Euro. Vor Übergabe stolpert der unachtsame K über den Rechner und zerstört ihn. Kann V noch Kaufpreiszahlung verlangen?

Lösung

Anspruch des V gegen K auf Zahlung des Kaufpreises in Höhe von 100 Euro aus § 433 II

V könnte einen Anspruch gegen K auf Zahlung des Kaufpreises in Höhe von 100 Euro aus § 433 II haben.

1. Es müsste ein Kaufvertrag geschlossen worden sein. Indem sich K und V geeinigt haben, liegt ein wirksamer Kaufvertrag gemäß § 433 vor. Damit ist der Anspruch entstanden.

2. Der Anspruch könnte jedoch gemäß § 326 I 1 untergegangen sein. Dazu müsste V von seiner Leistungspflicht nach § 275 I frei geworden sein. Gemäß § 275 I ist der Anspruch auf Leistung ausgeschlossen, wenn der Schuldner nicht leisten kann. Der Rechner ist total demoliert und nicht mehr zu gebrauchen. Folglich kann V die Leistung nicht mehr erbringen. Damit ist er nach § 275 I von der Leistung befreit. Also ist der Anspruch grundsätzlich nach § 326 I 1 weggefallen.

3. Allerdings könnte V den Anspruch wegen § 326 II 1 Alt. 1 behalten haben. Dafür müsste der Gläubiger K für den Umstand der Leistungsbefreiung des V allein oder weit überwiegend verantwortlich sein. „Verantwortlichkeit" wird als Vertretenmüssen nach §§ 276, 278 interpretiert. Umfasst sind also Vorsatz und Fahrlässigkeit. K ist unachtsam und stolpert über den Rechner. Damit lässt er die im Verkehr erforderliche Sorgfalt (§ 276 II) außer Acht. Folglich handelt er fahrlässig, und somit ist er allein für den Untergang, also die Zerstörung des Rechners, verantwortlich. Also bleibt der Anspruch gemäß § 326 II 1 Alt. 1 erhalten.

4. Allerdings könnte sich K möglicherweise von seiner Leistungspflicht aus § 433 II durch einen Rücktritt nach § 326 V befreien. Dafür müsste V nach § 275 nicht zu leisten brauchen, was hier vorliegt (siehe oben unter 2). § 326 V 2.Hs verweist jedoch auf § 323 und damit auf den Rücktrittsausschluss nach § 323 VI Alt. 1. Ein Rücktritt wäre ausgeschlossen, wenn K allein für den Umstand verantwortlich wäre, der ihn zum Rücktritt berechtigen würde. K ist für die Zerstörung des Rechners allein verantwortlich. Damit ist § 323 VI Alt. 1 einschlägig, K kann folglich nicht gemäß § 326 V zurücktreten. Somit kann er sich nicht von seiner Leistungspflicht durch Rücktritt befreien.

Ergebnis: V hat einen Anspruch gegen K auf Zahlung des Kaufpreises in Höhe von 100 Euro aus § 433 II.

Anmerkung

Wäre nach der *Rechtslage* gefragt, müsste noch der Anspruch des K gegen V auf Lieferung des Rechners nach § 433 I 1 mit dem Hinweis auf § 275 I abgelehnt werden (nachträgliche Unmöglichkeit).

Fall 15

Sachverhalt

V verkauft K seinen Rechner für 100 Euro. K soll den Rechner am 24. Juli abholen, kommt aber nicht. V mahnt den K daraufhin mehrmals. Es werden zwei weitere Abholtermine am 14. und 20. August vereinbart, zu denen K aber unentschuldigt nicht erscheint. Am 22. August will V den Rechner zur weiteren Lagerung in den Keller bringen. Auf der Haustreppe liegt jedoch ein Ball, den V nicht sehen kann. Er stolpert, und der Rechner wird zerstört. Den Ball hatte ein Kind vergessen, das zu Besuch war. Normalerweise ist die Treppe aufgeräumt und Bälle haben noch nie dort gelegen. Kann V die 100 Euro von K verlangen?

Lösung

Anspruch des V gegen K auf Zahlung des Kaufpreises in Höhe von 100 Euro aus § 433 II

V könnte gegen K einen Anspruch auf Zahlung des Kaufpreises in Höhe von 100 Euro aus § 433 II haben.

1. Ein wirksamer Kaufvertrag gemäß § 433 liegt zwischen V und K vor. Damit ist der Anspruch entstanden.

2. Der Anspruch könnte jedoch gemäß § 326 I 1 untergegangen sein. Dazu müsste V von seiner Leistungspflicht nach § 275 I frei geworden sein. Der Rechner wurde nach Vertragsschluss, aber vor Übergabe zerstört. Damit kann V nach § 275 I nicht mehr leisten. Er ist von seiner Leistungspflicht frei geworden. Folglich ist der Anspruch nach § 326 I 1 grundsätzlich untergegangen.

3. Allerdings könnte die Sonderregel des § 326 II 1 eingreifen, womit der Anspruch erhalten bliebe.

a) Dafür müsste sich der Gläubiger K im Annahmeverzug gemäß § 293 befunden haben. Der Gläubiger kommt gemäß § 293 in Verzug, wenn er die ihm angebotene Leistung nicht annimmt. Der Schuldner muss dem Gläubiger ein ordnungsgemäßes Leistungsangebot unterbreitet haben, das dieser abgelehnt hat. § 294 setzt ein tatsächliches Angebot voraus. Dies liegt vor, wenn der Schuldner die ihm obliegenden Handlungen so weit erbringt, dass der Gläubiger nur noch zugreifen muss. V und K hatten mehrere Abholtermine vereinbart. V hat den Rechner jedes Mal ordnungsgemäß angeboten, so dass K nur noch zugreifen musste. Indem K die Leistung nicht angenommen hat, kam er gemäß § 293 in Annahmeverzug.

b) Weiterhin dürfte V den Untergang nicht zu vertreten haben. Während des Gläubigerverzugs hat V gemäß § 300 I Vorsatz und grobe Fahrlässigkeit zu vertreten. Hier wird der Rechner beim Fall auf der Treppe zerstört. Grund war ein Ball, den V nicht sehen konnte. V musste nicht mit einem Ball rechnen, zumal die Treppe ansonsten aufgeräumt ist. Damit handelt V nur leicht fahrlässig, was er nach § 300 I nicht zu vertreten hat. Folglich hat V den Untergang des Rechners nicht zu vertreten.

Damit bleibt der Anspruch nach § 326 II 1 Alt. 2 erhalten.

4. Allerdings könnte sich K von seiner Leistungspflicht aus § 433 II möglicherweise durch einen Rücktritt nach § 326 V befreien. Dafür müsste V nach § 275 nicht zu leisten brauchen, was hier vorliegt (siehe oben unter 2). § 326 V 2.Hs verweist auf § 323 und damit auf den Rücktrittsausschluss nach § 323 VI Alt. 2. K befand sich im Annahmeverzug. Damit ist § 323 VI Alt. 2 einschlägig, K kann folglich nicht gemäß § 326 V zurücktreten. Somit kann er sich nicht von seiner Leistungspflicht durch Rücktritt befreien.

Ergebnis: V hat einen Anspruch gegen K auf Zahlung des Kaufpreises in Höhe von 100 Euro aus § 433 II.

Fall 16

Sachverhalt

Die Kommilitoninnen V und K schließen telefonisch einen Kaufvertrag über zwei Theaterkarten für das ausverkaufte Stück „*Clavigo* mit Julia Holmes" am Hamburger Schauspielhaus (insgesamt 20 Euro). Übergabe und Bezahlung sollen in der Uni erfolgen. Als V dort wartet, trifft sie auf A, der sie erzählt, warum sie wartet. A möchte das Stück ebenfalls anschauen und bietet V für die zwei Karten 30 Euro. V freut sich über das gute Geschäft und übergibt A die Karten. Als K kommt und von allem erfährt, ist sie verstimmt und verlangt von A die Karten, die diese aber nicht hergeben will. Daraufhin verlangt K von V die 30 Euro, die sie von A erhalten hat. Zu Recht ?

Lösung

Anspruch der K gegen V auf 30 Euro aus § 285 I Alt. 1

K könnte einen Anspruch gegen V auf 30 Euro aus § 285 I Alt. 1 haben.

1. Dazu müsste ein Schuldverhältnis vorliegen. Indem sich K und V über die Veräußerung der Theaterkarten geeinigt haben, liegt ein wirksamer Kaufvertrag zwischen beiden gemäß § 433 vor.

2. V müsste gemäß § 275 I von der Leistung befreit sein. Es müsste V also unmöglich sein, die Karten zu besorgen. Unmöglichkeit liegt vor, wenn noch nicht geleistet worden ist und auch nicht mehr geleistet werden kann. Eigentümerin der Karten ist A, die das auch bleiben will. Darüber hinaus ist das Stück ausverkauft. Damit ist es V unmöglich, die Karten zu besorgen und an K zu leisten. Folglich ist V nach § 275 I Alt. 1 von der Leistung befreit.

3. Weiterhin müsste V nach § 285 I Alt. 1 für den geschuldeten Gegenstand einen Ersatz erlangt haben.

a) V erhielt von A 30 Euro für die der K geschuldeten Karten. Damit erhielt V einen Ersatz.

b) V müsste diesen Ersatz in Höhe von 30 Euro auch „infolge" des Umstandes aus § 275 I erhalten haben. Grund für den Ausschluss der Leistungspflicht war die Übereignung der Karten an A. Damit hat V die 30 Euro infolge eines Umstandes aus § 275 I erhalten.
Also hat V nach § 285 I Alt. 1 für den geschuldeten Gegenstand der Theaterkarten einen Ersatz in Höhe von 30 Euro erlangt.

4. Gegen diesen Anspruch könnte V die Einrede des nichterfüllten Vertrages gemäß § 320 I 1 geltend machen. Dazu müsste V einen Anspruch gegen K haben. Dieser resultiert aus dem Kaufvertrag. Der Kaufpreisanspruch könnte allerdings gemäß §§ 326 I 1 i.V.m. 275 IV entfallen sein.

Dann müsste der Schuldner gemäß § 275 von der Leistung befreit sein. Dies ist vorliegend der Fall. Der Anspruch ist also grundsätzlich gemäß §§ 326 I 1 i.V.m. 275 IV entfallen. K könnte jedoch gemäß § 326 III 1 zur Kaufpreiszahlung verpflichtet sein. Nach dieser Vorschrift bleibt zur Gegenleistung verpflichtet, wer Ersatz gemäß § 285 verlangt. Genau dies ist geschehen. V behält also ihren Anspruch in Höhe von 20 Euro und kann in dieser Höhe dem Anspruch der K die Einrede aus § 320 entgegensetzen.

Ergebnis: K hat einen Anspruch gegen V auf 30 Euro aus § 285 I Alt. 1 Zug um Zug gegen Zahlung des Kaufpreises in Höhe von 20 Euro.

III. Schuldnerverzug I

Grundfall: V und L schließen einen Leihvertrag über das Buch „Hier irrte Kant".

Was kann L verlangen, wenn ...	Anspruchsgrundlage	Rechtsfolge
V das Buch am 1.5. verleihen sollte. Er liefert nicht. L will das Buch immer noch haben.	§§ 280 I, II i.V.m. 286 Schuldner-Verzug I	SchadensE und Leistung

Überblick

Die Vorschriften über den Verzug regeln die Fälle, in denen der Schuldner zu spät leistet. Dabei kann der Gläubiger trotz der Verspätung noch an der Leistung interessiert sein (Schuldnerverzug I) oder infolge der Verspätung sein Interesse verloren haben (Schuldnerverzug II). Beide Fälle unterscheiden sich in der Rechtsfolge. Im ersten Fall erhält der Gläubiger *neben* der Leistung zusätzlich Ersatz für den Verzögerungsschaden, im zweiten Fall entfällt die Leistungsverpflichtung und der Gläubiger erhält *an ihrer Stelle* Schadensersatz.

Zunächst beschäftigen wir uns mit dem ersten Fall: Der Gläubiger verlangt Schadensersatz *und* die Leistung, da er an ihr noch Interesse hat. Sein Anspruch richtet sich nach §§ 280 I, II i.V.m. 286.

I. Primäranspruch auf die Leistung

besteht weiterhin, zusätzlich:

Verzug I: Ersatz des Verzögerungsschadens

II. Sekundäranspruch auf Schadensersatz neben der Leistung aus §§ 280 I, II, 286

1. Wirksamer Vertrag.
2. Nichtleistung trotz Möglichkeit nach Eintritt der Fälligkeit, § 286 I 1.
3. Leistungsaufforderung oder Entbehrlichkeit
    - a) Leistungsaufforderung, § 286 I:
        - aa) Mahnung, § 286 I 1, *oder*
        - bb) Erhebung der Klage, § 286 I 2 Alt. 1, *oder*
        - cc) Zustellung des Mahnbescheides, § 286 I 2 Alt. 2.
    - b) Leistungsaufforderung ausnahmsweise entbehrlich (§§ 286 II, III):
        - aa) Leistungszeit war nach dem Kalender bestimmt, *oder*
        - bb) ließ sich berechnen, *oder*

cc) Schuldner verweigert die Leistung ernsthaft und endgültig, *oder*

dd) bei besonderen Gründen nach Interessenabwägung, *oder*

ee) es sind 30 Tage nach Fälligkeit und Rechnungszugang verstrichen.

4. Vertretenmüssen des Schuldners, §§ 280 I i.V.m. 286 IV.
5. Verzögerungsschaden beim Gläubiger, § 280 I 1.

Rechtsfolge: Ersatz des Verzögerungsschadens.

Fall 17

Sachverhalt

V verleiht E sein Exemplar des „*Rauda / Zenthöfer*". Da E weiterhin darin lesen möchte, gibt er das Buch nicht zurück, obwohl ihn V zweimal anruft und um Rückgabe bittet. V musste sich inzwischen zwei Kapitel aus dem „*Rauda / Zenthöfer*" kopieren (Kosten: 5 Euro). Kann V Schadensersatz aus Vertrag geltend machen?

Lösung

Anspruch des V gegen E auf Ersatz des Verzögerungsschadens in Höhe von 5 Euro aus §§ 280 I, II, 286

V könnte gegen E einen Anspruch auf Ersatz des Verzögerungsschadens in Höhe von 5 Euro aus §§ 280 I, II, 286 haben.

1. Es muss ein Schuldverhältnis vorliegen. V und E haben einen wirksamen Leihvertrag nach § 598 geschlossen. Also liegt ein Schuldverhältnis vor.

2. E dürfte trotz Möglichkeit nach Eintritt der Fälligkeit nicht geleistet haben (§ 286 I 1). Die Leistung war ihm möglich. Fraglich ist, wann die Fälligkeit eingetreten ist. Der Zeitpunkt der Fälligkeit war nicht bestimmt (§ 604 I) und ist auch nicht bestimmbar (§ 604 II). Somit kann V das Buch jederzeit gemäß §§ 604 III, 271 I zurückfordern. Der Rückforderungsanspruch ist dann sofort fällig. V hat das Buch telefonisch zurückgefordert. Trotzdem hat E das Buch entgegen seiner Verpflichtung aus § 604 I nicht zurückgegeben. Damit hat E nach Eintritt der Fälligkeit nicht geleistet.

3. Weiterhin müsste V den E zur Leistung aufgefordert haben, § 286 I 1 a.E., 2. Hier könnte V den E nach § 286 I 1 gemahnt haben. Eine Mahnung ist die dringende und unmissverständliche Aufforderung an den Schuldner, nunmehr zu leisten. Mit dem Anruf hat V den E zur Leistung aufgefordert und gemahnt.

4. Schließlich müsste E die Verzögerung zu vertreten haben (§§ 280 I i.V.m. 286 IV). Vertretenmüssen umfasst Vorsatz und Fahrlässigkeit, § 276 I 1. E gab das Buch nicht zurück, um weiterhin darin lesen zu können. Damit handelte E vorsätzlich. Er hat die Verzögerung zu vertreten.

5. Zuletzt müsste ein Verzögerungsschaden bei V entstanden sein (§ 280 I 1). Verzögerungsschäden sind alle Nachteile im Vermögen, die daraus entstehen, dass der Schuldner nicht rechtzeitig erfüllt. V musste zwischenzeitlich zwei Kapitel aus dem Buch für 5 Euro kopieren. Diese Kosten wären nicht entstanden, hätte E das Buch nach dem Anruf zurückgegeben. Damit ist der Verzug des E kausal für einen Schaden des V in Höhe von 5 Euro. Folglich liegt ein Verzögerungsschaden gemäß § 280 I 1 bei V vor.

Ergebnis: V hat einen Anspruch gegen E auf Ersatz des Verzögerungsschadens in Höhe von 5 Euro aus §§ 280 I, II, 286.

Fall 18

Sachverhalt

V verleiht E sein „*Handbuch des Staatsrechts*“ von *Isensee* und *Kirchhof* (1. Band) bis zum 16. September für eine Seminararbeit. Am 20. September hat E das Handbuch immer noch nicht zurückgegeben. V, der für eine eigene Arbeit inzwischen zwei Kapitel kopieren musste (Kosten: 10 Euro), ist empört. Er verlangt Schadensersatz aus dem Leihvertrag. Zu Recht ?

Lösung

I. Anspruch des V gegen E auf Schadensersatz in Höhe von 10 Euro aus §§ 280 I, II, 286

V könnte gegen E einen Anspruch auf Schadensersatz aus §§ 280 I, II, 286 in Höhe von 10 Euro haben.

1. Es müsste ein Schuldverhältnis zwischen V und E bestehen. Dieses liegt in dem zwischen ihnen geschlossenen wirksamen Leihvertrag gemäß § 598.

2. E dürfte trotz Möglichkeit nach Eintritt der Fälligkeit nicht geleistet haben (§ 286 I 1). Die Leistung war ihm möglich. Die Fälligkeit trat am 16. September ein. E hat das Buch entgegen seiner Pflicht aus § 604 I nicht zurückgegeben. Damit hat E gemäß § 286 I 1 nach Eintritt der Fälligkeit nicht geleistet.

3. Weiterhin müsste V den E zur Leistung nach § 286 I 1 a.E., 2 aufgefordert haben. Dies ist nicht geschehen. Allerdings könnte die Leistungsaufforderung nach § 286 II Nr. 1 entbehrlich sein. Dazu müsste für die Leistung eine Zeit nach dem Kalender bestimmt sein. Als Rückgabetermin wurde der 16. September vereinbart. Damit ist die Leistung nach dem Kalender bestimmt. Eine Mahnung oder gleichstehende Leistungsaufforderung ist gemäß § 286 II Nr. 1 entbehrlich.

4. Ferner müsste E die Verzögerung zu vertreten haben (§§ 280 I i.V.m. 286 IV). Vertretenmüssen umfasst Vorsatz und Fahrlässigkeit, § 276 I 1. Aus dem Sachverhalt ist nicht zu entnehmen, ob E mit Vorsatz handelte, oder ihn der Vorwurf der Fahrlässigkeit trifft. Allerdings wird das Vertretenmüssen vermutet, bis der Schuldner diese Vermutung widerlegt (Beweislastumkehr nach § 286 IV). Folglich hat E die Verzögerung nach §§ 280 I i.V.m. 286 IV zu vertreten.

5. Zuletzt müsste V ein Verzögerungsschaden entstanden sein. Verzögerungsschäden sind alle Nachteile im Vermögen, die daraus entstehen, dass der Schuldner nicht rechtzeitig erfüllt. Da E das Buch nicht nach Fälligkeit zurückgegeben hat, musste V zwei Kapitel kopieren. Dies kostete ihn 10 Euro. Damit hat V einen Verzögerungsschaden in Höhe von 10 Euro.

Ergebnis: V hat einen Anspruch gegen E auf Ersatz des Verzögerungsschadens in Höhe von 10 Euro aus §§ 280 I, II, 286.

Fall 19

Sachverhalt

K ist Buchhändler und verkauft an Jura-Studenten auch die Richter-Skripte. Mit dem Richter-Verlag (V) hat er folgende Vereinbarung getroffen: Sobald ein Band zur Neige geht, bestellt er diesen Band nach; der Verlag liefert dann innerhalb von drei Tagen. Zu Beginn des Wintersemesters strömen die Studenten in sein Geschäft und verlangen den Band „Schuldrecht kompakt". Das Buch ist schnell ausverkauft, und K bestellt beim Richter-Verlag 100 weitere Exemplare. Der Verlag beliefert wegen der völlig unerwartet großen Nachfrage erst die größeren Buchhandlungen. K erhält die Bücher erst nach fünf Tagen. Er hat in den zwei Tagen, in denen V nicht liefern konnte, 50 Kunden an die Konkurrenz verloren. Nun will K diesen Schaden von V ersetzt haben. V wendet ein, der überraschende Erfolg des Buches sei nicht vorhersehbar gewesen. Außerdem habe man schon deutlich mehr Exemplare gedruckt als die Auflage anderer Grundrisse beträgt (was stimmt). Wird das Begehren des K trotz dieser Einwendungen Erfolg haben?

<u>Lösung</u>

Anspruch des K gegen V auf Ersatz des Verzögerungsschadens aus §§ 280 I, II, 286

K könnte gegen V einen Anspruch auf Ersatz des Verzögerungsschadens aus §§ 280 I, II, 286 haben.

1. Es müsste ein Schuldverhältnis bestehen. Ein wirksamer Kaufvertrag nach § 433 liegt zwischen V und K vor.

2. V dürfte nach Eintritt der Fälligkeit trotz Möglichkeit nicht geleistet haben, § 286 I 1. Die Leistung war ihm möglich. Fällig war die Lieferung der Bücher drei Tage nach der Bestellung. V leistet nicht an diesem Tag, obwohl es ihm möglich wäre. Damit hat V gemäß § 286 I 1 nach Eintritt der Fälligkeit nicht geleistet.

3. Weiterhin müsste K nach § 286 I zur Leistung aufgefordert haben. Weder eine Mahnung noch eine gleichstehende Leistungsaufforderung wurden ausgesprochen. Damit hat K nicht nach § 286 I zur Leistung aufgefordert. Allerdings könnte dies nach § 286 II Nr. 2 entbehrlich gewesen sein. Dazu müsste der Leistung ein Ereignis vorausgehen, und die Leistungszeit müsste sich nach dem Kalender berechnen lassen. Hier ging der Bücherlieferung eine Bestellung voraus. Nach der Vereinbarung zwischen V und K lässt sich die Leistungszeit auf drei Tage nach der Bestellung berechnen. Damit sind Mahnung bzw. gleichstehende Leistungsaufforderung nach § 286 II Nr. 2 entbehrlich gewesen. K muss V also nicht zur Leistung nach § 286 I aufgefordert haben.

4. Weiterhin müsste V die Verzögerung zu vertreten haben (§ 286 IV). Vertretenmüssen umfasst neben Vorsatz auch Fahrlässigkeit nach § 276 I 1. Fahrlässigkeit ist das Außerachtlassen der im Verkehr erforderlichen Sorgfalt (§ 276 II). Grund der Verzögerung ist die hohe Nachfrage. V hätte diese Nachfrage bei erforderlicher Sorgfalt möglicherweise vorhersehen können. Allerdings druckte V bereits mehr Exemplare als von den anderen Bänden. Weiterhin entstand die Nachfrage „völlig unerwartet“. Es war also nicht möglich, den Erfolg vorherzusehen. V handelte daher nicht fahrlässig und hat die Verzögerung somit nicht zu vertreten.

Ergebnis: K hat keinen Anspruch gegen V aus §§ 280 I, II, 286 auf Ersatz des Verzögerungsschadens.

Fall 20

Sachverhalt

Wie voriger Fall, allerdings hat V die Verzögerung zu vertreten. V ersetzt K auch den Verzögerungsschaden. Nun verlangt K noch Verzugszinsen. Zu Recht?

Abwandlung:

Bei einer erneuten Bestellung liefert V prompt. Diesmal allerdings zahlt K trotz Mahnung des V zwei Monate zu spät. Kann V Zinsen verlangen und wenn ja, wieviel Prozent?

Lösung

Anspruch des K gegen V auf Verzugszinsen aus §§ 280 I, II, 286, 288

K könnte gegen V einen Anspruch auf Verzugszinsen aus §§ 280 I, II, 286, 288 haben.

1. Es müsste ein Schuldverhältnis bestehen. Ein wirksamer Kaufvertrag zwischen V und K nach § 433 liegt vor.

2. V müsste trotz Möglichkeit und Fälligkeit nicht geleistet haben. Dies ist der Fall (vgl. voriger Fall unter 2).

3. Eine Leistungsaufforderung war entbehrlich (siehe vorheriger Fall unter 3).

4. V hat die Pflichtverletzung auch gemäß § 286 IV zu vertreten.

5. Aufgrund des Verzuges hatte K einen Schaden (vgl. voriger Fall unter 5).

6. Fraglich ist, ob K einen Anspruch auf Verzugszinsen hat. Gemäß § 288 I 1 ist eine Geldschuld während des Verzuges zu verzinsen. V schuldet jedoch kein Geld, sondern Lieferung der Bücher. Damit ist § 288 nicht einschlägig und K hat keinen Anspruch auf Verzugszinsen.

Ergebnis: K hat keinen Anspruch gegen V auf Verzugszinsen aus §§ 280 I, II, 286, 288.

Abwandlung:

Anspruch des V gegen K auf Verzugszinsen aus §§ 288 I, 286

V könnte gegen K einen Anspruch auf Verzugszinsen aus §§ 288 I, 286 haben.

1. Es müsste ein Schuldverhältnis bestehen. Ein wirksamer Kaufvertrag nach § 433 liegt zwischen V und K vor.

2. K müsste sich gemäß § 288 I 1 im Verzug befunden haben. Dies richtet sich nach § 286 I. K dürfte trotz Fälligkeit der Forderung und Leistungsaufforderung durch V nicht geleistet haben. Den Anspruch des V aus § 433 II hat K trotz Fälligkeit und Mahnung nicht erfüllt. Diesen Umstand hat K auch zu vertreten, § 286 IV. Also ist er in Verzug geraten.

3. Fraglich ist, ob K dem V Verzugszinsen nach § 288 zahlen muss. Diese Zinsen beziehen sich auf den Kaufpreis, nicht auf einen möglichen Verzögerungsschaden. Berechnet werden die Zinsen nach § 288. Indem eine Geldschuld des K vorliegt, besteht ein Anspruch auf Zinsen. Fraglich ist die Zinshöhe. K als Buchhändler und V als Verleger sind Unternehmer im Sinne von § 14 I, womit sich die Zinshöhe nach § 288 II berechnet. Der derzeitige Basiszinssatz beträgt 0,12 Prozentpunkte. Addiert zu den acht Prozentpunkten beträgt die Zinshöhe pro Jahr 8,12 Prozent, für zwei Monate also 1,35 Prozent.

Ergebnis: V hat einen Anspruch gegen K auf Verzugszinsen in Höhe von 1,53 Prozent aus §§ 288 I, 286.

Anmerkung

Der Grundfall zeigt, dass Zinsen nur bei einer Geldschuld erstattet werden. Die Abwandlung macht auf § 288 II aufmerksam; sind nur Unternehmer nach § 14 I beteiligt, erhöht sich der Zinssatz. Der Basiszinssatz ändert sich halbjährlich, also zum 1. Juli 2010, erneut am 1. Januar 2011 usw. Der aktuelle Zinssatz kann unter **www.rauda-zenthoefer.de** abgefragt werden.

IV. Schuldnerverzug II

Grundfall: V und L schließen einen Leihvertrag über das Buch „Hier irrte Kant".

Was kann L verlangen, wenn ...	Anspruchsgrundlage	Rechtsfolge
V das Buch am 1.5. ausleihen sollte. Als V nicht pünktlich liefert, hat L kein Interesse mehr.	§§ 280 I, III i.V.m. 281 I 1 Var. 1, 284 Schuldner-Verzug II	SchadensE oder AufwendungsE

Überblick

Behandeln wir nun den Fall des Verzugs, bei dem der Gläubiger infolge des Verzugs das Interesse an der Leistung verloren hat. Anstatt die Leistung zu verlangen, begehrt er daher Schadensersatz. Dieser Anspruch auf Ersatz des Nichterfüllungsschadens ergibt sich aus §§ 280 I, III i.V.m. 281 I 1 Alt. 1.

Verzug II: Schadensersatz statt der Leistung

Sekundäranspruch auf Schadensersatz statt der Leistung
aus §§ 280 I, III, 281 I 1 Alt. 1

1. Wirksamer Vertrag.
2. Nichtleistung nach Eintritt der Fälligkeit, § 281 I 1 1.Hs. Alt. 1, und Nichtvorliegen eines dauerhaften Leistungshindernisses, § 275.
3. Fristsetzung *oder* Entbehrlichkeit
   a) Fristsetzung zur Leistung und Fristablauf, § 281 I 1 2.Hs.
   b) Die Fristsetzung ist ausnahmsweise entbehrlich, § 281 II:
      aa) bei ernsthafter und endgültiger Leistungsverweigerung *oder*
      bb) bei Vorliegen besonderer Umstände.
4. Schuldner muss die Nichtleistung zu vertreten haben, §§ 280 I 2 i.V.m. 276.
5. Nichterfüllungsschaden durch die Pflichtverletzung, § 280 I 1.

Rechtsfolge: Schadensersatz statt der Leistung.

Fall 21

Sachverhalt

Buchhändler V und Dozent K schließen Ende März in Berlin einen Kaufvertrag über einen GG-Kommentar über 200 Euro. Vereinbart wird, dass V den Kommentar zum 4. April liefert. K weist ihn darauf hin, dass er das Werk zur Vorbereitung auf das Sommersemester unbedingt an diesem Tag benötigt. V liefert nicht. Daraufhin setzt ihm K eine Frist bis zum 15. April; doch V lässt nichts von sich hören. Als V am 25. April liefern will, lehnt K dies ab: Er habe sich den Kommentar inzwischen bei der Konkurrenz besorgen müssen, was ihn 20 Euro mehr gekostet habe, die V ersetzen solle. V beruft sich darauf, dass nicht er die Lieferung vergessen habe, sondern sein Auszubildender A. Muss V dem K die 20 Euro ersetzen?

Zusatzfrage: Kann K Schadensersatz verlangen, wenn er zuvor vom Vertrag zurückgetreten ist?

Lösung

Anspruch des K gegen V auf Schadensersatz statt der Leistung in Höhe von 20 Euro aus §§ 280 I, III i.V.m. 281 I 1

K könnte einen Anspruch gegen V auf Schadensersatz statt der Leistung in Höhe von 20 Euro aus §§ 280 I, III i.V.m. 281 I 1 haben.

1. Es müsste ein Schuldverhältnis bestehen. Ein wirksamer Kaufvertrag nach § 433 liegt zwischen V und K vor.

2. V dürfte nach Eintritt der Fälligkeit (§ 281 I 1 Alt. 1) nicht geleistet haben. Die Fälligkeit richtet sich nach der vereinbarten Leistungszeit gemäß § 271. Vereinbart war der 4. April. V leistete nicht am 4. April. Folglich hat er gemäß § 281 I 1 Alt. 1 nach Eintritt der Fälligkeit nicht geleistet.

3. Weiterhin müsste nach § 281 I 1 eine Nachfrist fruchtlos verstrichen sein. Hier hat K dem V eine Frist bis zum 15. April gesetzt. Für eine Buchbestellung sind elf Tage eine angemessene Frist. V hat es versäumt, bis zum 15. April zu liefern. Damit ist eine Nachfrist nach § 281 I 1 fruchtlos verstrichen.

4. Schließlich müsste V die Nichtleistung zu vertreten haben (§§ 280 I 2 i.V.m. 276). V hat die Lieferung nicht vergessen, fahrlässigerweise aber A. Das Verschulden des A könnte dem V über § 278 S.1 Alt. 2 zuzurechnen sein. Dazu müsste der Auszubildende eine Person sein, derer sich V zur Erfüllung seiner Verbindlichkeit bedient, die also mit Wissen und Wollen des V in dessen Pflichtenkreis tätig ist. V hat A Aufgaben übertragen. Also ist A Erfüllungsgehilfe des V. Damit ist V das Verschulden des A gemäß § 278 S.1 Alt. 2 zuzurechnen. Folglich hat V die Nichtleistung gemäß §§ 280 I 2 i.V.m. 276 zu vertreten.

5. Zuletzt müsste K ein Nichterfüllungsschaden aufgrund der Nichtlieferung entstanden sein. K musste sich mit dem GG-Kommentar auf das Sommersemester vorbereiten. Aufgrund der Nichtlieferung musste er sich ein anderes Exemplar des Werkes zu besorgen. Dadurch entstanden ihm Kosten in Höhe von 20 Euro. Folglich ist K ein Nichterfüllungsschaden aufgrund der Nichtlieferung in Höhe von 20 Euro entstanden.

Ergebnis: K hat einen Anspruch auf Schadensersatz statt der Leistung in Höhe von 20 Euro aus §§ 280 I, III i.V.m. 281 I 1 gegen V.

Zusatzfrage: K kann auch dann Schadensersatz verlangen, wenn er zuvor vom Vertrag zurückgetreten ist. Nach dem neuen Schuldrecht (§ 325) sind beide Rechtsbehelfe *kumulativ* anwendbar (früher: alternativ). Folglich kann K nicht nur die Ansprüche aus dem Rückabwicklungsschuldverhältnis, sondern zusätzlich noch Ansprüche auf Schadensersatz geltend machen. Insoweit hat sich das Bürgerliche Gesetzbuch dem internationalen UN-Kaufrecht (Artikel 45 II CISG) angenähert.

Fall 22

Sachverhalt

V ist Fahrradhändler, der dem 17jährigen K einen „Spezial-Drahtesel" für 100 Euro verkauft. Da K sich die Summe von seinem Taschengeld zusammengespart hatte, hielt er es nicht für nötig, seine Eltern zu fragen, ob er das Rad kaufen darf. V kann erst am 7. Juni liefern, weil das Fahrrad noch mit einem neuen Sattel ausgestattet werden muss. K zahlt sofort und weist V darauf hin, dass er am 8. Juni zu einer zweiwöchigen Klassenfahrt nach Rügen aufbrechen werde und dort das Fahrrad unbedingt benötige. Als K das Fahrrad am Nachmittag des 7. Juni telefonisch anmahnt, meint V, er sei noch nicht dazu gekommen, dieses fertig zu machen. K solle in zehn Tagen vorbeischauen. Im Übrigen solle sich K glücklich schätzen, dass er überhaupt das Fahrrad erhalten werde, schließlich könne er – V – jederzeit den Vertrag rückgängig machen, da K erst 17 Jahre alt sei. K muss sich nun ein gleichwertiges Rad für 120 Euro bei einem anderen Händler kaufen, um an der Klassenfahrt teilnehmen zu können. K verlangt nun, mit Einwilligung seiner Eltern, von V Schadensersatz aus dem Vertrag. Mit Recht?

Lösung

Anspruch des K gegen V auf Schadensersatz statt der Leistung in Höhe von 120 Euro aus §§ 280 I, III i.V.m. 281 I 1 Alt. 1

K könnte einen Anspruch gegen V auf Schadensersatz statt der Leistung in Höhe von 120 Euro aus §§ 280 I, III i.V.m. 281 I 1 Alt. 1 haben.

1. Dazu müsste ein wirksamer Werklieferungsvertrag nach § 651 zwischen V und K vorliegen. Ein solcher Vertrag kommt durch zwei sich deckende Willenserklärungen, Angebot und Annahme, zustande. K und V haben sich über Kaufsache und Kaufpreis geeinigt. Fraglich ist jedoch die Wirksamkeit der Willenserklärung des K. Die Willenserklärung könnte gemäß § 108 I schwebend unwirksam sein. Dazu müsste diese Vorschrift jedoch anwendbar sein. Dies ist nur der Fall, wenn K gemäß § 106 zwar das siebente Lebensjahr vollendet hat, aber minderjährig ist. Minderjährig ist gemäß § 2, wer das achtzehnte Lebensjahr nicht vollendet hat. K ist siebzehn Jahre alt. Also sind die Vorschriften der §§ 107-113 auf ihn anwendbar.

Die schwebende Unwirksamkeit einer Willenserklärung gemäß § 108 I würde voraussetzen, dass K die Erklärung ohne die erforderliche Einwilligung des gesetzlichen Vertreters abgegeben hat. Erforderlich ist die Einwilligung nicht, wenn das Geschäft für den Minderjährigen lediglich rechtlich vorteilhaft im Sinne des § 107 ist. Indem ein Vertrag den K einem Anspruch auf Kaufpreiszahlung aussetzen würde, erlangt K durch die Willenserklärung nicht lediglich einen rechtlichen Vorteil. Daher ist die Einwilligung des gesetzlichen Vertreters des K nicht nach § 107 entbehrlich.

Es kommt jedoch eine Entbehrlichkeit gemäß § 110 in Betracht. Dann müsste K die vertragsmäßige Leistung mit Mitteln bewirkt haben, die ihm vom gesetzlichen Vertreter zur freien Verfügung überlassen worden sind. Das Taschengeld des K war nicht zweckgebunden. Indem K sofort zahlt, hat er die Leistung gemäß § 362 I bewirkt. Damit ist der Vertrag nach § 110 ex tunc wirksam. Indem V einen neuen Sattel einbauen sollte, liegt zwischen V und K ein wirksamer Werklieferungsvertrag nach § 651 vor.

2. Weiterhin dürfte V gemäß § 281 I 1 Alt. 1 trotz Möglichkeit nach Eintritt der Fälligkeit nicht geleistet haben. Die Leistung war ihm weiterhin möglich. Der Zeitpunkt der Fälligkeit bestimmt sich nach der Vereinbarung zwischen den Parteien (§ 271). K und V haben als Zeitpunkt der Lieferung den 7. Juni vereinbart. V hat das Rad am 7. Juni nicht geliefert. Damit hat V nach Eintritt der Fälligkeit nicht geleistet.

3. Ferner müsste K gemäß § 281 I 1 eine Frist gesetzt haben. Dies hat er nicht getan. In Frage kommt aber eine Entbehrlichkeit der Fristsetzung nach § 281 II Alt. 2. Dazu müssten besondere Umstände vorliegen, die die sofortige Geltendmachung des Anspruchs auf Schadensersatz rechtfertigen. K braucht das Rad für eine zweiwöchige Klassenreise ab 8. Juni. Ein weiteres Warten kann ihm nicht zugemutet werden, zumal ihn V, der von der Reise weiß, noch zehn Tage lang vertrösten will. Dabei muss lediglich ein Sattel am Rad befestigt werden. Nach Abwägung dieser beiden Interessen liegen – auch aufgrund der bevorstehenden Reise – besondere Umstände nach § 281 II Alt. 2 vor, die eine Fristsetzung entbehrlich machen.

4. V müsste die Nichtleistung auch zu vertreten haben (§§ 280 I i.V.m. 276). Hier meint V, er sei noch nicht dazu gekommen, dass Fahrrad fertigzumachen. Damit liegt die Nichtleistung in seinem Verantwortungsbereich. Mithin hat er die Nichtleistung zu vertreten.

5. Zuletzt müsste K ein Nichterfüllungsschaden aufgrund der Nichtleistung entstanden sein, § 280 I 1. K musste aufgrund der bevorstehenden Reise ein gleichwertiges Rad von einem anderen Händler kaufen. Dieses Rad war 20 Euro teurer als bei V. Damit hat K einen Schaden aus der Nichterfüllung in Höhe von 20 Euro. (Seine gezahlten 100 Euro erhält K nach einem Rücktritt auch zurück, § 325.)

Ergebnis: K hat einen Anspruch gegen V auf Schadensersatz statt der Leistung in Höhe von 20 Euro aus §§ 280 I, III i.V.m. 281 I 1 Alt. 1.

Anmerkung

In diesem Fall wurde § 281 II Alt. 2 problematisiert. Der Rechtsprechung wird es überlassen bleiben, in den kommenden Jahren für eine Ausgestaltung des unbestimmten Rechtsbegriffs der „besonderen Umstände“ zu sorgen. Es sollte nicht vorschnell mit dieser Figur operiert werden.

Fall 23

Sachverhalt

K ist Gemüsehändler. Er bestellt bei V zehn Kisten Nüsse für 100 Euro. V soll am 20. Mai liefern. Natürlich liefert V nicht (*was sollte er auch sonst in diesem Übungsfall zum Verzug?*). Daraufhin tritt der glückliche K vom Vertrag zurück, da er nun die gleiche Menge bei X für nur 80 Euro kaufen kann. Am 22. Mai bringt V die Nüsse trotzdem zu K. Kann V Zahlung verlangen?

Lösung

Anspruch des V gegen K auf Zahlung der Nüsse aus § 433 II in Höhe von 100 Euro

V könnte gegen K einen Anspruch auf Zahlung der Nüsse aus § 433 II in Höhe von 100 Euro haben.

1. Es müsste ein Schuldverhältnis bestehen. K und V haben einen wirksamen Kaufvertrag nach § 433 über die zehn Kisten Nüsse geschlossen. Damit ist der Anspruch des V auf Zahlung nach § 433 II entstanden.

2. Dieser Anspruch könnte jedoch durch Rücktritt des K gemäß § 323 I 1 Alt. 1 untergegangen sein.

a) Eine Rücktrittserklärung des K nach § 349 liegt vor.

b) Weiterhin müsste K eine Frist gemäß § 323 I gesetzt haben, die fruchtlos verstrichen ist. Dies ist hier nicht erfolgt. Möglicherweise könnte die Fristsetzung entbehrlich gewesen sein.

aa) In Frage kommt zunächst eine Entbehrlichkeit nach § 323 II Nr. 1. Dann müsste V die Leistung ernsthaft und endgültig verweigert haben. Dies ist nicht ersichtlich. Folglich scheidet eine Entbehrlichkeit der Fristsetzung nach § 323 II Nr. 1 aus.

bb) Die Fristsetzung könnte allerdings gemäß § 323 II Nr. 2 entbehrlich sein. Dazu müsste der Schuldner die Leistung zu einem vertraglich bestimmten Termin nicht erbracht haben, und der Gläubiger den Fortbestand seines Leistungsinteresses an die Rechtzeitigkeit der Leistung gebunden haben. Zwar war die Leistung an einen Termin, den 20. Mai gebunden. Allerdings hat K nicht zum Ausdruck gebracht, dass das Geschäft mit Einhaltung des Leistungstermins stehen und fallen soll. Daher liegt kein relatives Fixgeschäft vor, und die Fristsetzung ist nicht gemäß § 323 II Nr. 2 entbehrlich gewesen.

cc) In Frage kommt aber eine Entbehrlichkeit nach § 323 II Nr. 3. Dazu müssten besondere Umstände vorliegen, die unter Abwägung der beiderseitigen Interessen den sofortigen Rücktritt rechtfertigen. K könnte die Nüsse auch nach dem 22. Mai noch verkaufen. Schließlich verderben Nüsse nicht schnell. Weiterhin hat K den Rücktritt aus wirtschaftlichen Gründen erklärt. Damit war das Interesse des K ein finanzielles. Diesem Interesse steht das Interesse des V gegenüber, den Vertrag einzuhalten.

V war mit der Lieferung nur zwei Tage in Verzug. Damit ist sein Interesse höher zu gewichten als das des K. Folglich liegen keine besonderen Umstände vor, die die Anwendung des § 323 II Nr. 3 rechtfertigen. Somit hätte K eine Frist setzen müssen nach § 323 I.

Damit ist der Anspruch auf Kaufpreiszahlung nicht nach § 323 I 1 Alt. 1 untergegangen.

Ergebnis: V hat einen Anspruch gegen K auf Zahlung des Kaufpreises in Höhe von 100 Euro aus § 433 II.

V. Nebenpflichtverletzungen

Grundfall: V und L schließen einen Leihvertrag über das Buch „Hier irrte Kant“.

Was kann L verlangen, wenn ...	Anspruchsgrundlage	Rechtsfolge
V das Buch liefert, dabei aber Dreck in die Wohnung bringt.	§ 280 I Verletzung einer Nebenpflicht (§ 241 II)	SchadensE *und* Leistung
V das Buch liefert, dabei aber die Wohnung des E stark beschädigt.	§§ 280 I, 282 **unzumutbare** Verletzung einer Nebenpflicht (§ 241 II)	SchadensE **statt** der Leistung

Überblick

Zunächst ist wichtig zu verstehen, dass in vielen Fällen Schadensersatz nach § 280 I 1 **direkt** zu fordern ist (es sind also **keine weiteren Vorschriften zu zitieren!**). Es handelt sich bei § 280 I 1 (direkt) um einen Fall von Schadensersatz *neben* der Leistung. Nur wenn eine Nebenpflichtverletzung unzumutbar für den Vertragspartner ist, kann dieser Schadensersatz statt der Leistung verlangen. Dies richtet sich nach §§ 280 I, 282.

Schadensersatz

Sekundäranspruch auf Schadensersatz neben der Leistung aus § 280 I

1. Bestehen eines Schuldverhältnisses.
2. Verletzung einer Nebenpflicht.
3. Vertretenmüssen des Schuldners (ist nach § 280 I 2 zu vermuten).
4. Durch die Pflichtverletzung muss ein Schaden entstanden sein.

Rechtsfolge: Höhe und Umfang des Schadensersatzes richten sich nach §§ 249 ff.

Sekundäranspruch auf Schadensersatz statt der Leistung aus §§ 280 I, III, 282

1. Bestehen eines Schuldverhältnisses.
2. Unzumutbare Verletzung einer Nebenpflicht (§§ 282 i.V.m. 241 II).
3. Vertretenmüssen des Schuldners (ist nach § 280 I 2 zu vermuten).
4. Durch die Pflichtverletzung muss ein Schaden entstanden sein.

Rechtsfolge: Höhe und Umfang des Schadensersatzes richten sich nach §§ 249 ff.

Fall 24

Sachverhalt
K ist Gemüsehändler. Er verkauft V zehn Orangen. Bei der Übergabe fließt der Saft einer verschimmelten der Orange auf den feinen Zwirn des V. V verlangt Ersatz der Reinigungskosten. Die Orangen will er behalten. Zu Recht ?

Lösung
Anspruch des V gegen K auf Ersatz der Reinigungskosten nach § 280 I 1

V könnte gegen K einen Anspruch nach § 280 I 1 auf Ersatz der Reinigungskosten haben. Es handelt sich um einen Schadensersatzanspruch *neben* der Leistung.

1. Ein Schuldverhältnis liegt in dem Kaufvertrag zwischen K und V.

2. K hat seine Pflicht zur Rücksicht auf das Rechtsgut Eigentum (feiner Zwirn) des V nach § 241 II verletzt, als er die verschimmelte Orange übergab.

3. Es ist nicht ersichtlich, dass K diese Pflichtverletzung nach § 280 I 2 nicht zu vertreten hat.

4. Daraus ist ein Schaden bei V in Form der Kosten für die Reinigung des feinen Zwirns entstanden.

Ergebnis: Somit hat V gegen K einen Anspruch auf Ersatz der Reinigungskosten nach §§ 280 I 1, 249 I.

Darüber hinaus besteht ein deliktischer Anspruch aus § 823 I, da das Integritätsinteresse des K betroffen ist. – Hinweis: In diesem Fall ist „V“ der Käufer, „K“ der Verkäufer. Das kann auch in einer Klausur einmal passieren. Aufpassen!

Fall 25

Sachverhalt
Wie Fall 24, aber K kann, da sein feiner Zwirn beschmutzt ist, nun nicht an einem Geschäftstermin teilnehmen. Damit verliert er einen Auftrag und einen Gewinn von 100 Euro. Kann K auch diese Summe von V verlangen?

Lösung
Anspruch des K gegen V auf Ersatz des entgangenen Gewinns nach § 280 I 1

K könnte gegen V einen Anspruch nach § 280 I 1 auf Ersatz des entgangenen Gewinns gemäß § 252 haben. Es handelt sich um einen Schadensersatzanspruch *neben* der Leistung.

Es ist umstritten, ob für den Anspruch auf **entgangenen Gewinn** die Anspruchsgrundlage § 280 I 1 direkt, oder §§ 280 I, II i.V.m. 286 oder gar §§ 280 I, III, 281 I anzuwenden ist. Letztere Norm, die den Schadensersatz *statt* der Leistung regelt, ist aber schon deshalb abzulehnen, weil K Schadensersatz *neben* der Leistung verlangt. Auch §§ 280 I, II i.V.m. 286 scheidet aus. Denn der entgangene Gewinn ist keine feststehende Kategorie des Verzugsschadens. Es mag Fälle geben, in welchen der entgangene Gewinn gerade auf dem Verzug des Schuldners beruht. Grundsätzlich erfasst aber § 280 I 1 alle Schäden, die nicht durch Nacherfüllung beseitigt werden können (Mangelfolgeschaden).
Deshalb ist § 280 I 1 anzuwenden.

a) Ein Schuldverhältnis liegt in dem Kaufvertrag über die Orangen zwischen K und V.

b) V hat seine Pflicht zur Rücksichtnahme gegenüber K verletzt, als er diesem eine verschimmelte Orange gab.

c) Es ist nicht ersichtlich, dass V diese Pflichtverletzung nach § 280 I 2 nicht zu vertreten hat.

d) Deshalb musste K auf ein Geschäft und einen Gewinn von 100 Euro verzichten. Somit hat K einen Schaden in Höhe von 100 Euro.

Ergebnis: Folglich hat K gegen V aus § 280 I 1 einen Anspruch auf Ersatz des entgangenen Gewinns gemäß § 252 in Höhe von 100 Euro.

Fall 26

Sachverhalt

Die European Business School (ebs) in Oestrich/Winkel beschließt, ihre Büroräume neu streichen zu lassen. Sie holt einige Angebote ein und beauftragt schließlich den günstigsten Anbieter M mit der Ausführung. M führt zwar die von ihm übernommenen Malerarbeiten ordentlich aus, beschmiert jedoch immer wieder schuldhaft während der einige Zeit in Anspruch nehmenden Arbeiten das Mobiliar und die Akten in den Büroräumen mit Farbe. M wird mehrmals erfolglos gemahnt, die Beschädigungen zu unterlassen. Der Rektor stoppt die Arbeiten schließlich. Er will vor Abschluss der Arbeiten einen anderen Maler mit der Beendigung der Arbeiten beauftragen und die hierfür entstandenen Mehrkosten M in Rechnung stellen. Kann der Rektor der ebs von M die Mehrkosten verlangen?

Lösung

Anspruch des Rektors der ebs gegen M auf Zahlung der Mehrkosten aus §§ 280 I, III, 282

Die ebs könnte einen Anspruch auf Schadensersatz statt der Leistung in Gestalt des Ersatzes der Mehrkosten gegen M aus §§ 280 I, III, 282 haben.

1. Dazu müsste zunächst ein Schuldverhältnis nach § 280 I 1 bestehen. Zwischen der ebs und M wurde ein Werkvertrag geschlossen. Daher liegt ein Schuldverhältnis vor.

2. Aus diesem Schuldverhältnis müsste M eine Nebenpflicht nach §§ 282 i.V.m. 241 II verletzt haben. Jeder Vertragspartner hat die Pflicht, auf die Rechtsgüter des anderen Rücksicht zu nehmen. M hat wiederholt das Mobiliar und die Akten der ebs beschädigt. Daher hat er seine Pflichten aus dem Vertrag verletzt.

3. Damit der Gläubiger Schadensersatz statt der Leistung verlangen kann, muss die Pflichtverletzung nach § 282 unzumutbar gewesen sein. Die Beschädigungen des M traten wiederholt auf. Er wurde mehrmals erfolglos abgemahnt. Dennoch hat sich die Situation nicht verbessert. Es kann der ebs nicht aufgebürdet werden, weitere Beschädigungen zu dulden, während M seine Arbeiten verrichtet. Folglich war die Pflichtverletzung unzumutbar.

4. M hat die Pflichtverletzung zu vertreten.

5. Es müsste ein Schaden entstanden sein. Durch die Beauftragung eines anderen Malers entstehen für die ebs Mehrkosten. Diese Kosten stellen einen Schaden dar. M muss diesen Schaden ersetzen.

Die ebs hat einen Anspruch gegen M auf Schadensersatz statt der Leistung in Gestalt der Mehrkosten für die Beauftragung eines anderen Malers aus §§ 280 I, III, 282 i.V.m. 241 II.

VI. Culpa in contrahendo

Auch im Vorfeld eines Vertragsschlusses bestehen Pflichten zwischen den Parteien, was § 311 II klarstellt. Damit ist die früher gewohnheitsrechtlich anerkannte „culpa in contrahendo“ (c.i.c.), also das Verschulden bei Vertragsschluss, im BGB normiert.

Überblick

Anspruchsgrundlage für Schäden aus c.i.c. ist § 280 I. Die einzelnen Fallgruppen des Verschuldens bei Vertragsverhandlungen sowie ähnlicher geschäftlicher Kontakte sind in § 311 II geregelt.

Schadensersatz aus c.i.c.

Anspruch auf Schadensersatz neben der Leistung aus §§ 280 I, 311 II, 241 II

1. Wirksames Schuldverhältnis nach § 311 II oder III.
2. Verletzung von vorvertraglichen Pflichten, etwa Obhuts-, Schutz- oder Informationspflichten, § 241 II.
3. Schuldner hat die Pflichtverletzung zu vertreten, §§ 280 I 2 i.V.m. 276.
4. Schaden durch die Pflichtverletzung, § 280 I 1.

Rechtsfolge: Ersatz des Schadens.

Fall 27

Sachverhalt

K interessiert sich für die Kochbücher „Britische Köstlichkeiten“ und „Herzhaftes aus Jamaika“ im Second-Hand-Laden des V. Diese liegen ganz oben auf einem Regal. Als V die zwei Bände herausgreift, fallen mehrere Dutzend Bücher auf den Kopf des K. Dieser erleidet eine Platzwunde. Vertragliche Ansprüche des K ?

<u>Lösung</u>

Anspruch des K gegen V auf Ersatz des Schadens aus §§ 280 I 1, 311 II, 241 II

K könnte gegen V einen Anspruch auf Ersatz des aus der Platzwunde resultierenden Schadens aus §§ 280 I 1, 311 II, 241 II haben.

1. Dazu müsste zuerst ein Schuldverhältnis vorliegen. Einen Vertrag haben V und K nicht geschlossen. In Frage kommt daher nur ein vorvertragliches Schuldverhältnis gemäß § 311 II. K und V könnten gemäß § 311 II Nr. 1 Vertragsverhandlungen aufgenommen haben. Da K sich für Kochbücher interessiert, greift V in das Regal, um ihm zwei Exemplare zum Verkauf anzubieten. Darin ist eine Aufnahme von Vertragsverhandlungen zu sehen. Folglich ist ein vorvertragliches Schuldverhältnis gemäß § 311 II Nr. 1 gegeben.

2. Weiterhin müsste V Pflichten nach § 241 II verletzt haben. Zu den Rücksichtspflichten gehören Obhut, Schutz und Information des Partners. Hier hat V den Fall einiger Dutzend Bücher auf den Kopf des K verursacht und damit eine Schutzpflicht nach § 241 II verletzt.

3. Schließlich müsste V diese Pflichtverletzung zu vertreten haben (§ 280 I 2). Vertretenmüssen umfasst Vorsatz und Fahrlässigkeit, § 276 I 1. V hat zwei Bände aus dem Regal gezogen, ohne dabei das Herunterfallen der übrigen Bücher zu verhindern. Damit hat er die im Verkehr erforderliche Sorgfalt gemäß § 276 II außer Acht gelassen. Er handelte mithin fahrlässig. Somit hat V die Pflichtverletzung nach § 280 I 2 zu vertreten.

4. Zuletzt müsste K ein Schaden nach § 280 I 1 entstanden sein. K hat nun eine Platzwunde auf dem Kopf, die er behandeln lassen muss. Dies ist ein Vermögensschaden.

5. Gemäß § 249 S.1 schuldet V dem K Naturalrestitution. K ist also so zu stellen, wie er ohne die Pflichtverletzung des V stünde. Naturalrestitution bestünde in der Behandlung der Wunde. Darauf muss sich K jedoch nicht verweisen lassen. Er kann gemäß § 249 S.2 den zur Behandlung erforderlichen Geldbetrag verlangen.

Ergebnis: K hat einen Anspruch gegen V auf Ersatz des Schadens. Er kann also den für die Behandlung der Platzwunde erforderlichen Geldbetrag aus § 280 I 1 i.V.m. § 311 II verlangen.

<u>Anmerkung</u>

Auch Schmerzensgeld kann verlangt werden, § 253 II. Die Höhe dieser „billigen Entschädigung in Geld“ wird vom Richter festgesetzt. Man kann sich an den sog. Schmerzensgeldtabellen orientieren, in denen aufgelistet ist, für welche Schäden welche Summen gewährt werden.

Fall 28

Sachverhalt

Mutter K betritt mit ihrer sechsjährigen Tochter T einen Gemüsemarkt des V, um für das familiäre Mittagessen einzukaufen. T rutscht auf einer Bananenschale aus und trägt Verletzungen davon. Die zuständige Angestellte A, sonst immer zuverlässig, hatte aus Unachtsamkeit vergessen, diese Bananenschale wegzuräumen. T entstehen Behandlungskosten in Höhe von 2 000 Euro. Ansprüche der T ?

Lösung

I. Anspruch der T gegen V auf Ersatz der Behandlungskosten in Höhe von 2 000 Euro aus §§ 280 I 1, 311 II, 241 II

T könnte einen Anspruch gegen V auf Ersatz der Behandlungskosten in Höhe von 2 000 Euro aus §§ 280 I 1, 311 II, 241 II haben.

1. Dazu müsste ein Schuldverhältnis vorliegen. T und V haben keinen Vertrag geschlossen. Allerdings könnte ein vorvertragliches Schuldverhältnis nach § 311 II Nr. 2 bestehen.

Dazu müsste sich ein Vertrag angebahnt haben. Indem die Mutter den Markt betrat, um für das Mittagessen einzukaufen, hat sich zwischen ihr und V ein Vertrag angebahnt. Also besteht zwischen K und V ein Schuldverhältnis gemäß § 311 II Nr.2 Problematisch ist freilich, dass nicht T, sondern K Partnerin des sich anbahnenden Vertrages ist.

2. T könnte jedoch in den Schutz des Schuldverhältnisses einbezogen sein. Dann müssten die Voraussetzungen eines Schuldverhältnisses mit Schutzwirkung für Dritte vorliegen.

a) Erforderlich ist zunächst die Leistungsnähe des Dritten. Dies bedeutet, dass der Dritte einer Schlechtleistung des Schuldners ebenso ausgesetzt ist wie der Gläubiger. K hätte ebenso auf der Bananenschale ausrutschen können. Es war Zufall, dass T stürzte. Also war T einer Schlechtleistung ebenso ausgesetzt wie K.

b) Weitere Voraussetzung ist die Gläubigernähe. Früher hat das Reichsgericht mit der „Wohl und Wehe“ - Formel gearbeitet und nur denjenigen in einen Vertrag einbezogen, für dessen Wohl und Wehe der Gläubiger verantwortlich war. Diese Formel ist allerdings zu eng. Es muss ausreichen, dass der Gläubiger ein Interesse an dem Einbezug des Dritten hat. Die Mutter hat ein Interesse, dass auch ihr Kind geschützt ist. Daher liegt Gläubigernähe vor.

c) Dem Schuldner, hier also V, muss erkennbar gewesen sein, dass T in den Schutzbereich des Vertrags einbezogen werden soll. Für V war ersichtlich, dass K und T zusammen das Geschäft betraten. V konnte erkennen, dass T die K begleitet hat.

d) Ferner dürfte T keinen eigenen vertraglichen Anspruch haben. Dies ist nicht der Fall. Folglich entfaltet das Schuldverhältnis zwischen V und K Schutzwirkung zugunsten von T.

Folglich wird T gemäß § 311 III von der Schutzpflicht erfasst. Also liegt ein vorvertragliches Schuldverhältnis zwischen K und V mit Schutzwirkung für T vor.

3. Weiterhin müsste V eine Pflicht des § 241 II verletzt haben. Die Bananenschale stellt eine erhebliche Gefahr für Kunden dar. Indem er sie nicht wegräumt, verletzt er eine Schutzpflicht. Damit hat V eine Pflicht des § 241 II verletzt.

4. Schließlich müsste V diese Pflichtverletzung nach § 280 I 2 zu vertreten haben. Gemäß § 276 I 1 muss der Schuldner Vorsatz und Fahrlässigkeit vertreten. Fahrlässig handelt, wer die erforderliche Sorgfalt außer Acht lässt (§ 276 II). Das Liegenlassen einer Bananenschale ist unsorgfältig. Es war allerdings nicht V, der die Bananenschale vergessen hatte, sondern A. Allerdings könnte sich V das Verschulden der A gemäß § 278 S. 1 zurechnen lassen müssen. Dann müsste A Erfüllungsgehilfe gewesen sein, also mit Wissen und Willen des V in dessen Pflichtenkreis tätig geworden sein. Indem V die A beauftragt hat, sich um die Sauberkeit des Ladens zu kümmern, ist sie seine Erfüllungsgehilfin. Damit wird ihre Fahrlässigkeit dem V zugerechnet, der dann die Pflichtverletzung nach § 280 I 2 zu vertreten hat.

5. Zuletzt müsste ein Schaden bei T gemäß § 280 I 1 entstanden sein. T hatte Behandlungskosten in Höhe von 2 000 Euro. Damit ist ihr Schaden in dieser Höhe entstanden.

Ergebnis: T hat einen Anspruch gegen V auf Ersatz der Behandlungskosten in Höhe von 2 000 Euro aus §§ 280 I 1, 311 II, 241 II.

II. Anspruch der T gegen A auf Ersatz der Behandlungskosten in Höhe von 2 000 Euro aus § 823 I

T könnte einen Anspruch gegen A auf Ersatz der Behandlungskosten in Höhe von 2 000 Euro aus § 823 I haben.

1. Dazu müsste ein Rechtsgut der T verletzt worden sein. Durch den Sturz wurden Körper und Gesundheit der T, Rechtsgüter im Sinne des § 823 I, verletzt.
2. Weiterhin müsste eine Verletzungshandlung der A gegeben sein. Vorliegend hat A allerdings nicht gehandelt, sondern etwas unterlassen. Das Unterlassen kann dem Handeln gleichgestellt werden, wenn A eine Rechtspflicht zum Handeln traf. Diese Pflicht könnte die Verkehrssicherungspflicht sein. Wer den Verkehr für die Allgemeinheit eröffnet, muss dafür sorgen, dass niemand zu Schaden kommen kann. Mit der Ausführung dieser Pflicht war A als zuständige Angestellte des V betraut. Folglich liegt ein relevantes Unterlassen vor.

3. Indem die erforderliche Handlung nicht hinzugedacht werden kann, ohne dass der Erfolg entfiele, wurde das Unterlassen auch quasi-kausal für die Verletzung der T (haftungsbegründende Kausalität).

4. Darüber hinaus war die Unterlassung rechtswidrig.

5. Weiterhin müsste A die Verletzung gemäß § 276 I 2 zu vertreten haben. Indem A aus Unachtsamkeit vergaß, die Schale zu entfernen, handelte sie fahrlässig und hat somit die Rechtsgutsverletzung bei T zu vertreten.

6. Zuletzt müsste bei T ein Schaden entstanden sein. Zur Heilung der Verletzungen muss T 2 000 Euro aufwenden. Damit ist ihr ein Schaden in Höhe von 2 000 Euro entstanden.

7. Die Verletzung von Körper und Gesundheit der T war kausal für diesen Schaden (haftungsausfüllende Kausalität).

Ergebnis: T hat einen Anspruch gegen A auf Ersatz der Behandlungskosten in Höhe von 2 000 Euro aus § 823 I.

III. Ein Anspruch auf Schadensersatz der **T gegen A aus § 823 II BGB i.V.m. § 229 StGB** besteht gleichfalls.

IV. Anspruch der T gegen V auf Ersatz der Behandlungskosten in Höhe von 2 000 Euro aus § 823 I

T könnte gegen V einen Anspruch auf Ersatz der Behandlungskosten in Höhe von 2 000 Euro aus § 823 I haben.

1. Eine Rechtsgutverletzung bei T liegt vor (s.o. unter II.1).

2. Weiterhin müsste eine Verletzungshandlung des V gegeben sein. Wer einen Verkehr für Menschen eröffnet, muss dafür sorgen, dass diese nicht geschädigt werden. Damit trifft grundsätzlich V eine Verkehrssicherungspflicht, Bananenschalen vom Boden seines Gemüsemarktes wegzuräumen. Allerdings könnte V diese Pflicht an A übertragen haben. A ist Angestellte und mit der Reinigung des Bodens beauftragt. Damit obliegt A die Verkehrssicherungspflicht. Es ist damit keine Verletzungshandlung des V gegeben.

Ergebnis: T hat keinen Anspruch gegen V auf Ersatz der Behandlungskosten in Höhe von 2 000 Euro aus § 823 I.

V. Anspruch der T gegen V auf Ersatz der Behandlungskosten in Höhe von 2 000 Euro aus § 831 I

T könnte einen Anspruch gegen V auf Ersatz der Behandlungskosten in Höhe von 2 000 Euro aus § 831 I haben.

1 – 5.: siehe unter II.

6. A müsste gemäß § 831 I 1 Verrichtungsgehilfin des V gewesen sein. Kriterien sind die Weisungsgebundenheit und die wirtschaftliche Abhängigkeit. A ist als Angestellte wirtschaftlich von V abhängig und an dessen Weisungen gebunden. Sie ist Verrichtungsgehilfin im Sinne des § 831 I 1.

7. V müsste ein Auswahl- oder Überwachungsverschulden treffen. Gemäß § 831 I 2 wird sein Verschulden vermutet, es sei denn, ihm gelingt der Exkulpationsbeweis. Er muss vorbringen können, dass er bei Auswahl und Überwachung der A die erforderliche Sorgfalt hat walten lassen. Laut Sachverhalt ist A sonst sehr zuverlässig. Damit hat V die erforderliche Sorgfalt beobachtet. Er kann sich also nach § 831 I 2 exkulpieren. Folglich trifft ihn kein Auswahl- oder Überwachungsverschulden.

Ergebnis: T hat keinen Anspruch gegen V auf Ersatz der Behandlungskosten in Höhe von 2 000 Euro aus § 831 I.

Anmerkung

Es ist umstritten, ob § 311 III 1 den Vertrag mit Schutzwirkung zugunsten Dritter regelt oder weiterhin auf Gewohnheitsrecht zurückgegriffen werden muss. Für die letzte Meinung läßt sich anbringen, dass in § 311 III die einzelnen (drei) Voraussetzungen für einen Vertrag mit Schutzwirkung für Dritte nicht genannt werden. Für die erste Meinung spricht der Wortlaut von § 311 III 2 („insbesondere"). Der Streit ist im Ergebnis aber irrelevant, da § 311 III bei Bejahung nur Gewohnheitsrecht kodifiziert.

3. Kapitel:

Fälle zu weiteren Problemen des Allgemeinen Schuldrechts

Fall 29

Sachverhalt

A und B gehören dem „Verein zur Bekämpfung gelber Veilchen“ an. Um gelbe Veilchen zu bekämpfen, zertreten sie in einer nächtlichen Aktion alle gelben Veilchen im Vorgarten des G (20 Stück). Die geheime Infrarot-Überwachungskamera des G hat allerdings alles aufgezeichnet. Die Polizei macht A und B ausfindig. Da nicht mehr festgestellt werden kann, wer wieviele Veilchen zertreten hat, verlangt G sowohl von A und von B den vollen Schadensersatz in Höhe von 60 Euro. A zahlt die volle Summe an G, verlangt aber die Hälfte davon von B ersetzt. Zu Recht?

Lösung

I. Anspruch des A gegen B auf Zahlung von 30 Euro aus § 426 I

A könnte gegen B einen Rückgriffsanspruch in Höhe von 30 Euro aus § 426 I haben.

Dies setzt ein Gesamtschuldverhältnis zwischen A und B voraus, und A müsste eine Forderung des gemeinsamen Gläubigers erfüllt haben.

1. Grundsätzlich liegt nach § 421 eine Gesamtschuld vor, wenn zwei Schuldner den gleichen Gläubiger haben und die Pflichten der Schuldner auf dasselbe Leistungsinteresse des Gläubigers gerichtet sind. Darüber hinaus müssen beide Schuldner die Pflicht haben, die volle Leistung zu bewirken, während der Gläubiger die Leistung nur einmal fordern darf. Die beiden Schuldner müssen gleichstufig haften.

Vorliegend könnte sich eine Gesamtschuld aufgrund gesetzlicher Anordnung ergeben.

2. Ein Gesamtschuldverhältnis könnte nach § 840 I bestehen. Nach dieser Norm haften mehrere Personen als Gesamtschuldner, wenn sie für den aus einer unerlaubten Handlung entstehenden Schaden verantwortlich sind. Nach § 830 I 1 ist jeder für einen Schaden verantwortlich, wenn mehrere durch eine gemeinschaftliche begangene unerlaubte Handlung einen Schaden verursacht haben.

3. A und B könnten jeweils den Tatbestand des § 823 I verwirklicht haben. Sie haben durch das Zertreten des Blumenbeetes eine Handlung begangen, die für die Eigentumsverletzung ursächlich war. Die Verletzung des Eigentums an den Blumen geschah vorsätzlich und rechtswidrig. Durch die Verletzung entstand ein Schaden. Folglich haften A und B gegenüber G.

Darüber hinaus besteht auch ein Anspruch des G gegen A und B aus § 823 II BGB i.V.m. § 303 StGB (Sachbeschädigung).

Also liegt ein Gesamtschuldverhältnis zwischen A und B aufgrund von § 840 vor. Soweit ein Gesamtschuldner den Gläubiger über den auf ihn entfallenden Teil der Schuld hinaus befriedigt, ist ein Ausgleich im Innenverhältnis erforderlich. § 426 I begründet ein entsprechendes Ausgleichsschuldverhältnis. A hat die Schuld gegenüber G beglichen. Die Gesamtschuldner sind grundsätzlich zu gleichen Anteilen verpflichtet.

Ergebnis: Folglich steht A ein Rückgriffsanspruch gegen B in Höhe von 30 Euro aus § 426 I zu.

II. Anspruch des A gegen B auf Zahlung von 30 Euro aus §§ 426 II, § 823

A könnte gegen B einen Rückgriffsanspruch in Höhe von 30 Euro aus §§ 426 II, 823 haben.

1. Nach § 426 II geht die Forderung des ursprünglichen Gläubigers insoweit auf den leistenden Schuldner über, als dieser von den anderen Schuldnern Ausgleich erlangen kann.

2. G hatte gegen B einen Forderung aus § 823 I sowie § 823 II i.V.m. § 303 StGB.

3. A hat diese Forderung durch Zahlung in Höhe von 60 Euro beglichen. Nach § 422 kann der Gläubiger, der die Leistung von einem der Schuldner erhalten hat, sie nicht ein zweites Mal von dem anderen Schuldner verlangen. Die Leistung durch einen Schuldner führt aber nicht ohne weiteres zum vollständigen Erlöschen der Forderung. Nur der Teil der Gläubigerforderung erlischt, der dem Anteil des Leistenden im Innenverhältnis entspricht. Der Anteil des A betrug 30 Euro. Die Forderung des G gegen B besteht also noch in Höhe der restlichen 30 Euro. Diese Forderung geht nach § 426 II im Wege des gesetzlichen Forderungsübergangs automatisch auf den zahlenden A über.

Ergebnis: A steht damit aus übergegangenem Recht gegen B ein Anspruch auf Zahlung von 30 Euro aus §§ 426 II, 823 zu.

III. Anspruch aus §§ 683 S. 1, 677, 670

A könnte gegen B einen Anspruch auf Aufwendungsersatz aus §§ 677, 683 S. 1, 670 haben.

Zwar könnte die Zahlung des A an G ein auch-fremdes Geschäft für den mithaftenden B gewesen sein. Die Regeln über die Geschäftsführung ohne Auftrag sind jedoch im Verhältnis zweier Gesamtschuldner zueinander unanwendbar. § 426 ist insoweit abschließend.

Ergebnis: A kann von B keinen Aufwendungsersatz aus §§, 677, 683 S.1, 670 verlangen.

Fall 30

Sachverhalt

A ist Anführer einer Motorrad-Gang. Er hat dem Gang-Mitglied M 5 000 Euro als Darlehen gegeben. M kommt mit der Rückzahlung in Verzug. Als A merkt, dass M das Geld nicht mehr zurückzahlen kann, nimmt er sich M zur Brust und verprügelt ihn. M erleidet einige Verletzungen und eine gebrochene Nase. Die Behandlungskosten sowie sein Schmerzensgeldanspruch belaufen sich auf 4 000 Euro. Als M diesen Betrag von A ersetzt verlangt, erklärt dieser lapidar die Aufrechnung. Hat M einen Anspruch gegen A?

Lösung

Anspruch des M gegen A auf Zahlung von 4 000 Euro aus § 823 I

M könnte gegen A einen Anspruch auf Zahlung von 4 000 Euro aus § 823 I haben.

1. Der Anspruch müsste entstanden sein.

a) Dazu müsste A ein absolutes Rechtsgut des M verletzt haben. Durch die Prügel wurde M von A an der Gesundheit, eines nach § 823 I absolut geschützten Rechts, verletzt. Die Verletzung beruhte auf der Handlung des A (haftungsbegründende Kausalität).

b) A müsste die Verletzung zu vertreten haben. Die Verletzung erfolgte vorsätzlich. Folglich hat A sie auch zu vertreten.

c) Es müsste ein Schaden entstanden sein. Der Schaden des M liegt in den Behandlungskosten und dem immateriellen Schaden wegen Verletzung seines Körpers (vgl. § 253 II). Die Höhe des Schadens beträgt 4 000 Euro. Der Schaden beruht auch auf der Verletzung (haftungsausfüllende Kausalität).

Folglich hat M einen Anspruch gegen A auf Zahlung von 4 000 Euro aus § 823 I.

2. Dieser Anspruch könnte erloschen sein. Dies wäre der Fall, wenn eine wirksame Aufrechung, ein Erfüllungssurrogat vorläge. Die Aufrechnung ist die Tilgung zweier gleichartiger einander gegenüberstehender Forderungen durch eine einseitige empfangsbedürftige Willenserklärung. Die Aufrechnung führt zur Erfüllung beider Forderungen, soweit sie sich aufrechenbar gegenüberstehen. Die Voraussetzungen der Aufrechnung richten sich nach §§ 387 ff.

a) Zunächst muss eine Aufrechungslage vorliegen. Eine Aufrechnungslage besteht, wenn zwei Forderungen gegenseitig, gleichartig und wirksam sind. Die Hauptforderung muss erfüllbar und die Gegenforderung fällig sein.

aa) Aufrechenbar sind nur gegenseitige Forderungen. Die beiden Forderungen müssen den aufrechnenden Parteien zustehen. A ist Gläubiger der Darlehensforderung und Schuldner der Forderung aus unerlaubter Handlung. Bei M ist es umgekehrt. Daher sind die Forderungen gegenseitig.

bb) Forderungen können aufgerechnet werden, wenn sie derselben Gattung angehören. Inhalt der beiden vorliegenden Forderungen ist eine Geldschuld. Folglich sind die Forderungen gleichartig.

cc) Die Gegenforderung aus dem Darlehensvertrag ist fällig. Die Hauptforderung aus unerlaubter Handlung ist erfüllbar.

Folglich liegt eine Aufrechnungslage vor.

b) Ferner ist eine Aufrechnungserklärung erforderlich. A hat die Aufrechnung gegenüber M erklärt.

c) Es darf kein Aufrechnungsverbot bestehen. Der Aufrechnung könnte vorliegend § 393 entgegenstehen. Danach ist die Aufrechnung gegen eine Forderung aus einer vorsätzlich begangenen unerlaubten Handlung (§§ 823 ff.) nicht zulässig. Dahinter steht der Gedanke, dass dem Gläubiger einer uneinbringlichen Forderung die Möglichkeit genommen werden soll, im Wege der „Privatrache“ seine Forderung zu liquidieren. Gäbe es die Vorschrift des § 383 nicht, könnte der Gläubiger einem säumigen Schuldner vorsätzlich Schaden zufügen und hinsichtlich des daraus resultierenden Schadensersatzanspruchs mit der uneinbringlichen Forderung aufrechnen.

Ergebnis: M hat gegen A einen Anspruch auf Zahlung von 4 000 Euro aus § 823 I.

Fall 31

<u>Sachverhalt</u>

Lebensmittelimporteur L ist in finanziellen Schwierigkeiten, da sein größter Kunde K eine Kaufpreisforderung über 500 000 Euro noch nicht beglichen hat. Die B-Bank gewährt L einen Kredit, lässt sich aber die Forderung gegen K abtreten. Als K schließlich an L zahlt, flüchtet dieser mit dem Geld nach Jamaika. Die B-Bank wendet sich an K mit dem Argument, die Forderung habe nicht mehr L, sondern ihr zugestanden. K müsse daher erneut an sie zahlen. K weigert sich.
Wie ist die Rechtslage?

<u>Lösung</u>

Anspruch der B-Bank gegen K auf Zahlung des Kaufpreises aus §§ 433 II, 398

Die B-Bank könnte einen Anspruch gegen K auf Zahlung des Kaufpreises in Höhe von 500 000 Euro aus §§ 433 II, 398 haben.

Dazu müsste die Kaufpreisforderung bestehen und die Forderung wirksam an die B-Bank abgetreten worden sein.

1. Zwischen L und K wurde ein Kaufvertrag vereinbart, nach dem K zur Zahlung von 500 000 Euro verpflichtet ist. Daher besteht ein Anspruch nach § 433 II.

2. Dieser Anspruch des L müsste durch Abtretung auf die B-Bank übergegangen sein. Die Inhaberschaft an einer Forderung kann übertragen werden. Die Abtretung (Zession) ist die durch Rechtsgeschäft herbeigeführte Übertragung einer Forderung von dem bisherigen Gläubiger (Altgläubiger, Zedent) auf einen anderen Gläubiger (Neugläubiger, Zessionar). Die Abtretung richtet sich nach den Vorschriften der §§ 398 ff.

a) L und die B-Bank müssten sich über den Übergang einer bestimmten oder bestimmbaren Forderung geeinigt haben. Dies war der Fall.

b) Der Abtretende (Zedent) muss auch Berechtigter gewesen sein. L stand die Kaufpreisforderung zu. Er durfte darüber verfügen. Folglich war er Berechtigter.

Also ist die Forderung wirksam durch Abtretung an die B-Bank (Zessionar) auf diese übergegangen.

3. Die Forderung könnte durch Erfüllung nach § 362 I erloschen sein. K hat an L 500 000 Euro gezahlt. Erfüllung ist die Herbeiführung des geschuldeten Leistungserfolgs am richtigen Ort zur richtigen Zeit an den richtigen Gläubiger. Gläubiger des Anspruchs auf Kaufpreiszahlung war nach der Abtretung die B-Bank. Die Zahlung durch K an L ist zeitlich nach der Abtretung erfolgt. L hat also an den falschen Gläubiger geleistet. Folglich konnte keine Erfüllung nach § 362 I eintreten.

4. Es könnte allerdings die Schuldnerschutzvorschrift des § 407 eingreifen. Hintergrund dieser Vorschrift ist, dass der Schuldner meistens nicht weiß, ob der Gläubiger die Forderung abgetreten hat. Nach § 407 wird der redliche Schuldner geschützt, der in Unkenntnis der Abtretung an den bisherigen Gläubiger zahlt. Danach muss der neue Gläubiger „eine Leistung, die der Schuldner nach der Abtretung an den bisherigen Gläubiger bewirkt, gegen sich gelten lassen". K wusste von der Abtretung des L an die B-Bank nichts. Daher gilt gegenüber K nicht die B-Bank, sondern weiterhin L als Gläubiger. Die B-Bank muss eine Zahlung an L wie eine Zahlung an sich selbst gelten lassen. Dieses Ergebnis hätte die B-Bank dadurch vermeiden können, dass sie K die Abtretung mitgeteilt hätte.

Ergebnis: Die B-Bank hat keinen Anspruch gegen K auf Zahlung des Kaufpreises in Höhe von 500 000 Euro aus §§ 433 II, 398.

4. Kapitel:
Fälle zum Kaufrecht

Im Rahmen der Abwicklung von Verträgen kann es zu verschiedenen Störungen kommen. Einige davon, etwa die Nichtleistung und die Spätleistung, wurden in den ersten zwei Kapiteln erläutert. Welche Rechte bestehen aber, wenn die Leistung zwar rechtzeitig erbracht wurde, aber mangelhaft ist? Grundsätzlich ist auch auf diese Konstellation die **Generalklausel des § 280 I anwendbar** mit der Folge, dass Schadensersatz und Aufwendungsersatz verlangt werden können. Bei gegenseitig verpflichtenden (synallagmatischen) Leistungsverhältnissen ist darüber hinaus die Rücktrittsmöglichkeit gemäß § 323 gegeben.

Der Kaufvertrag spielt im Wirtschaftsleben eine herausragende Rolle. Aus diesem Grund wurde das Mängelrecht beim Kauf besonders im Gesetz ausdifferenziert. Letztlich wird aber sehr oft auf das allgemeine Leistungsstörungsrecht verwiesen, wodurch in weiten Teilen ein **Gleichlauf der Haftung** im Verhältnis zu anderen Vertragstypen erreicht wird.

Die Haftung für Sachmängel und Rechtsmängel ist identisch. In der Klausur sollte dennoch kurz anhand der einschlägigen Vorschrift (§ 434 bzw. § 435) herausgearbeitet werden, welcher Mangel vorliegt. In beiden Fällen liegt eine Verletzung der in § 433 I 2 ausdrücklich erwähnten Pflicht zur Verschaffung mangelfreien Eigentums vor – mit der Folge, dass man bei § 437 landet, der auf die Rechtsfolgen verweist.

Bei allen Schäden, die nach § 280 I 1 direkt verlangt werden können, handelt es sich **nicht** um Mangelschäden an der Kaufsache, **sondern um Schäden, die sich durch Nacherfüllung nicht beseitigen lassen (Mangelfolgeschäden)**. Die im überkommenen Recht vorgenommene Differenzierung zwischen Mangelschaden und Mangelfolgeschaden hat auf den Inhalt des Anspruchs keinen Einfluss mehr, da die Verjährung beider Ansprüche identisch ist. Allerdings ist die Unterscheidung nach wie vor wichtig für die Zitierung der Anspruchsgrundlage. Der **Mangelschaden** wird über §§ 433, 434 (oder § 435), 437 Nr.3 i.V.m. den jeweiligen Vorschriften (§§ 440, 280, 283 und 311 a) ersetzt. Die Anspruchsgrundlage für den **Mangelfolgeschaden** ist § 280 I. Es gilt also: Verschiedene Vorschriften – gleiches Ergebnis.

Der Käufer einer mangelhaften Sache hat fünf Rechte zur Verfügung: Nacherfüllung, Rücktritt, Minderung, Schadensersatz, Aufwendungsersatz.

Die Nacherfüllung ist grundsätzlich vorrangig. Im Gegensatz zum überkommenen Recht ist es möglich, gleichzeitig Rücktritt und Schadensersatz zu wählen.

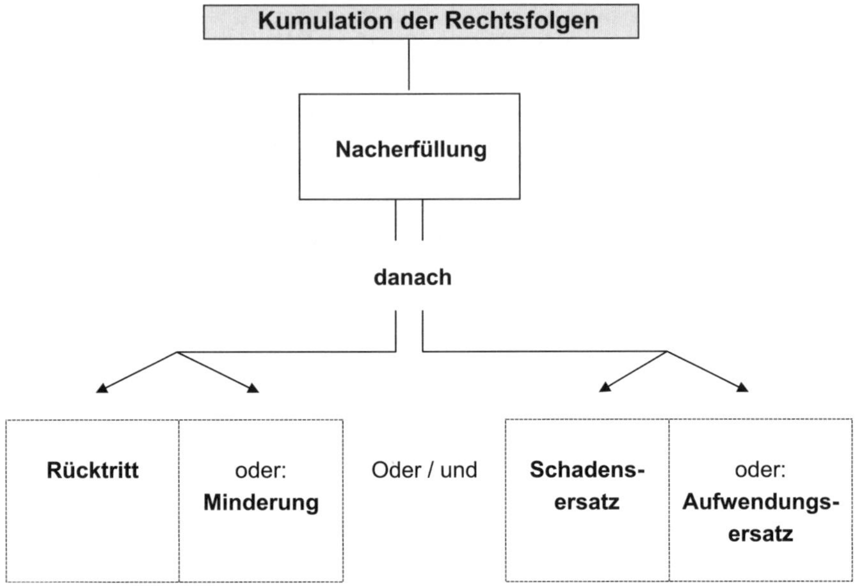

Verbrauchsgüterkauf
Für die Fall-Lösung ist zu beachten, ob ein Verbraucher (§ 13) eine bewegliche Sache von einem Unternehmer (§ 14) kauft. In diesem Fall des Verbrauchsgüterkaufs gelten ergänzend die Vorschriften der § 474 ff. Diese Regeln sind gemäß § 475 I **zwingendes Recht**. Das bedeutet, dass die Vertragspartner nicht vereinbaren können, dass diese Vorschriften nicht gelten sollen. Ziel der Regelungen ist der Verbraucherschutz. Hierdurch wird ein unabdingbarer Mindestschutz gewährleistet.

I. Die Nacherfüllung

Überblick

Nacherfüllung ist die vorrangige Art der Abwicklung von Schlechtleistungen im Rahmen des Kaufvertrags. Dies wird dadurch deutlich, dass grundsätzlich für alle anderen Gewährleistungsrechte eine Frist gesetzt werden muss. Der Käufer soll also zunächst das erhalten können, was ihm im Rahmen des Kaufvertrages geschuldet wird. Das Nacherfüllungsrecht umfasst zwei Komponenten, nämlich die Mangelbeseitigung und die Ersatzlieferung.

Grundsätzlich darf der Käufer entscheiden, ob er die alte Sache behalten möchte, und lediglich der Mangel behoben werden soll (etwa durch eine Reparatur), oder ob er eine ganz neue Sache haben möchte.

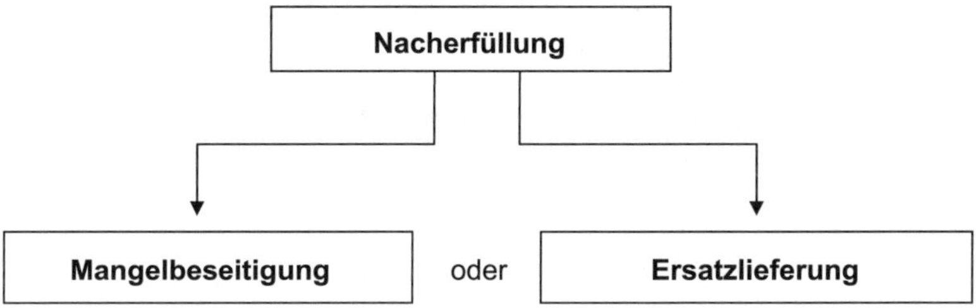

Nacherfüllung bei mangelhafter Kaufsache

Anspruch auf Nacherfüllung (Ersatzlieferung oder Mängelbeseitigung) bei mangelhafter Kaufsache gemäß §§ 437 Nr. 1, 439, 433 I 2.

1. Wirksamer Kaufvertrag.
2. Kaufsache hat einen
   - Sachmangel, § 434, im Zeitpunkt des Gefahrübergangs, §§ 446, 447, 1:
     Abweichung von der vereinbarten Beschaffenheit, § 434 I 1
     Wenn keine Vereinbarung getroffen wurde, dann
     Abweichung vom nach dem Vertrag vorausgesetzten Gebrauch (§ 434 I 2 Nr. 1)
     sonst
     Abweichung vom gewöhnlichen Gebrauch (§ 434 I 2 Nr. 2)

   oder
   - einen Rechtsmangel (§ 435).
3. Nacherfüllung kann verweigert werden, wenn sie nur mit unverhältnismäßigen Kosten möglich ist, § 439 III.
4. Keine Kenntnis des Käufers vom Mangel, § 442.

Rechtsfolge: Nacherfüllung.

Fall 32

Sachverhalt
K kauft bei V ein Paar Schuhe. Als er zuhause den Schuhkarton öffnet, stellt er fest, dass die Schnürsenkel fehlen. Er verlangt sie von V. Zu Recht?

Lösung
Anspruch auf Nacherfüllung gemäß §§ 437 Nr. 1, 439, 433 I 2
K könnte gegen V einen Anspruch auf Nacherfüllung gemäß §§ 437 Nr. 1, 439, 433 I 2 haben.

1. Dazu müsste ein wirksamer Kaufvertrag nach § 433 zwischen K und V bestehen. Dies ist der Fall.

2. Die Schuhe könnten im Zeitpunkt des Gefahrübergangs (§ 446 S.1) gemäß § 434 I mangelhaft gewesen sein. Ein Mangel liegt vor, wenn die Sache nicht die vereinbarte Beschaffenheit aufweist (§ 434 I 1). K und V haben nicht besonders vereinbart, dass die Schuhe mit Schnürsenkeln ausgestattet sind. Es könnte gemäß § 434 I 2 Nr. 1 jedoch eine Abweichung vom vertraglichen Gebrauch vorliegen. Diese Vorschrift greift nur ein, wenn die Parteien eine „bestimmte" Verwendung vereinbart haben. Man könnte hier daran denken, dass die gewöhnliche Verwendung der Schuhe als Laufschuhe mit Schnürsenkeln stillschweigend vertraglich vereinbart worden ist.

Die Eignung für die gewöhnliche Verwendung ist jedoch in § 434 I 2 Nr. 2 eigenständig geregelt, so dass § 434 I 2 Nr. 2 überflüssig wäre, wenn man eine stillschweigende Vereinbarung der gewöhnlichen Verwendungseignung bereits in § 434 I 2 Nr. 1 „hineinlesen" würde. Nr. 1 kann also nur zum Tragen kommen, wenn dem Vertrag nach eine besondere Verwendung vorausgesetzt wird. Dies ist hier nicht der Fall. Deshalb kommt nur eine Abweichung vom gewöhnlichen Gebrauch gemäß § 434 I 2 Nr.2 in Betracht.

Der gewöhnliche Gebrauch von Schuhen liegt in der Benutzung als Schutz der Füße bei der Fortbewegung. K kann die Schuhe ohne Schnürsenkel nicht verwenden.

Diese für den Käufer nachteilige Abweichung der Ist-Beschaffenheit von der Soll-Beschaffenheit stellt einen Mangel im Sinne des § 434 I 2 Nr. 2 dar, der auch im Zeitpunkt des Gefahrübergangs, der Übergabe (§ 446 S.1), vorlag. Folglich hat der Käufer die in § 437 genannten Rechte, unter anderem den Anspruch auf Nacherfüllung gemäß § 437 Nr.1.

3. Grundsätzlich kann der Käufer frei auswählen, welche Art der Nacherfüllung er möchte. Er kann sich für die Mangelbeseitigung (§ 439 I Alt. 1) oder für die Ersatzlieferung (§ 439 I Alt. 2) entscheiden. K hat vorliegend die Mangelbeseitigung durch Nachlieferung der Schnürsenkel gewählt.

4. Indem V die Schnürsenkel problemlos nachliefern kann, steht diesem Anspruch die Einrede der Unverhältnismäßigkeit gemäß § 439 III 1 nicht entgegen.

Ergebnis: K kann von V Nachlieferung der Schnürsenkel (Mangelbeseitigung) gemäß §§ 437 Nr. 1, 439, 433 I 2 verlangen.

Fall 33

Sachverhalt

K erwirbt bei V für seinen vierjährigen Sohn S einen elektronischen Spielzeug-Papagei, der sprechen und fliegen kann, für 800 Euro. V hatte den Papagei als Einzelstück aus Japan importiert. S packt freudestrahlend an seinem Geburtstag das Paket aus, in dem sich der Papagei befindet. Leider müssen er und sein Vater feststellen, dass der Papagei entgegen der Packungsaufschrift nicht spricht. K bringt den Papagei erbost zu V zurück, der feststellt, dass das fehlende Sprechvermögen des Papagei auf einen falsch verbundenen Draht zurückzuführen ist. Er bietet K an, „die Sache in Ordnung zu bringen" und den Papagei zu reparieren. K will sich damit jedoch nicht zufrieden geben. Er verlangt einen ganz neuen Papagei mit der Begründung, in den alten habe er „das Vertrauen verloren". V ruft in Japan an und erfährt, dass der Einkaufspreis wegen der hohen Nachfrage auf 1000 Euro gestiegen ist. Daraufhin erklärt er dem K, er könne nicht gezwungen werden, Verluste zu machen. Kann K von V die Lieferung eines neuen Papagei verlangen?

Lösung

Anspruch des K gegen V aus §§ 433 I 2, 434, 437 Nr.1, 439 I Alt. 2 auf Ersatzlieferung eines neuen Papagei

K könnte gegen V einen Anspruch auf Ersatzlieferung eines neuen Papagei aus §§ 433 I 2, 434 I 3, 437 Nr.1, 439 I Alt. 2 haben.

1. Zwischen V und K besteht ein Kaufvertrag.

2. Der Papagei musste im Zeitpunkt des Gefahrübergangs (§ 446 S.1) gemäß § 434 I mangelhaft gewesen sein. Ein Mangel liegt vor, wenn die Sache nicht die vereinbarte Beschaffenheit aufweist (§ 434 I 1). V und K haben nichts vereinbart, womit ein Mangel gemäß § 434 I 1 ausscheidet. Es könnte aber ein Mangel darin liegen, dass sich die Sache nicht zum vertraglich vorausgesetzten Gebrauch eignet (§ 434 I 2 Nr. 1). Der im Vertrag vorausgesetzte Gebrauch ist die Verwendung des Papagei als Spielzeug. Der Papagei kann auch dann als Spielzeug verwendet werden, wenn er nicht spricht. Also liegt kein Mangel i.S.d. § 434 I 2 Nr. 1 vor.

Es kommt jedoch ein Mangel gemäß § 434 I 2 Nr. 2 in Betracht. Dann dürfte sich der Papagei nicht zum gewöhnlichen Gebrauch eignen. Gemäß § 434 I 3 gehört zum gewöhnlichen Gebrauch auch, was der Käufer infolge der Kennzeichnung durch den Hersteller oder Verkäufer von der Sache erwarten kann. Auf der Packung des Papagei wurde herausgestellt, dass er sprechen könne. Der Papagei konnte aber nicht sprechen. Diese für den Käufer nachteilige Abweichung der Ist-Beschaffenheit von der Soll-Beschaffenheit stellt einen Mangel dar. Dieser lag auch im Zeitpunkt des Gefahrübergangs, der Übergabe (§ 446 S.1) vor. Folglich hat der Käufer die in § 437 genannten Rechte, unter anderem den Anspruch auf Nacherfüllung gemäß § 437 Nr. 1.

3. Grundsätzlich kann der Käufer frei auswählen, wie nacherfüllt werden soll. Er kann sich für die Mangelbeseitigung (§ 439 I Alt.1) oder für die Ersatzlieferung (§ 439 I Alt.2) entscheiden. K hat vorliegend die Lieferung einer mangelfreien Sache gewählt.

4. Diesem Anspruch könnte die Einrede der Unverhältnismäßigkeit gemäß § 439 III 1 entgegenstehen. Der Verkäufer hat diese Einrede erhoben. Zu fragen ist jedoch, ob ihm die Einrede auch materiell zusteht. Dazu müsste eine Ersatzlieferung im Verhältnis zur anderen Art der Nacherfüllung, also der Mangelbeseitigung, nur mit unverhältnismäßigen Kosten verbunden sein. Dies ist gemäß § 439 III 2 insbesondere danach zu beurteilen, ob auf die andere Art der Nacherfüllung ohne erhebliche Nachteile für den Käufer zurückgegriffen werden könnte. Der Mangel liegt in der fehlerhaften Verdrahtung des Papagei. Durch eine Veränderung der Drähte kann dem Papagei die geschuldete Sprachfunktion unproblematisch verliehen werden. Der Verkäufer ist zu dieser Reparatur auch in der Lage. Der Papagei trägt durch die Reparatur keine Schäden davon. Für den Käufer ergeben sich auch keine anderweitigen Risiken.

Im Verhältnis zu dieser einfachen Reparatur ist die Beschaffung eines neuen Papageis in Japan sehr aufwendig. Die Kosten, die damit verbunden sind, belasten V im Gegensatz zu einer Reparatur sehr schwer. Daher ist der Anspruch des K auf die Mangelbeseitigung, also hier eine Reparatur, gemäß § 439 III 3 Hs.1 beschränkt.

Ergebnis: K kann von V keine Ersatzlieferung, sondern nur eine Mangelbeseitigung gemäß §§ 433 I 2, 434 I, 439 III 3 Hs. 1, 439 I Alt. 1 verlangen.

Anmerkungen

1. Bei der Frage der Mangelhaftigkeit der Sache waren die einzelnen Fälle des § 434 I abzugrenzen. Vorrangig ist die Abweichung von der vereinbarten Beschaffenheit zu prüfen (§ 434 I 1), dann die Abweichung von der zum Vertrag vorausgesetzten Verwendung (§ 434 I 2 Nr.1) und erst danach die Abweichung von der gewöhnlichen Verwendung (§ 434 I 2 Nr. 2). Diese Reihenfolge ergibt sich aus dem Gesetz („Soweit...nicht vereinbart“, „sonst“).

2. Eine Reparatur könnte V nicht verweigern. Sie ist ihm zuzumuten. Wäre auch eine Reparatur mit unverhältnismäßigen Kosten verbunden, so ist der Anspruch des Käufers auf Nacherfüllung gänzlich ausgeschlossen. Dies bringt § 439 III 3 2.Hs zum Ausdruck. Der Käufer könnte dann sofort ohne Fristsetzung unter den entsprechenden Voraussetzungen Schadenersatz und / oder Minderung bzw. Rücktritt wählen (§ 440 S.1 1.Fall).

Hinweis auf aktuelle Rechtsprechung:

Eine klausurrelevante Frage ist der Fall, ob der Käufer einer ***mangelhaften*** Sache im Rahmen seines Anspruchs auf Nachlieferung nach § 439 I berechtigt ist, den Einbau der ***mangelfreien*** Sache zu verlangen, wenn er die mangelhafte Sache vorher eingebaut hat. In einem Fall vor dem Bundesgerichtshof (BGH) ging es um Parkettstäbe, die der Käufer vom Händler erworben und von einem Dritten hatte verlegen lassen. Die Parkettstäbe erwiesen sich später wegen eines Produktionsfehlers als irreparabel mangelhaft.

Der Käufer verlangte vom Verkäufer nicht nur neues Parkett, sondern **auch** den (teuren) Austausch des Parkettbodens. Das Gericht **verneinte** den Anspruch. Der Verkäufer muss nur das Parkett neu liefern. Die Nachlieferungspflicht ist auf Übergabe und Übereignung einer mangelhaften Ersatzsache **begrenzt**. Die Literatur hat sich dieser Ansicht mehrheitlich angeschlossen. (BGH VIII ZR 211/07, NJW 2008, 2837, kommentiert von *Gsell*: ZJS 5/2008).

Die Kosten der Parkettneuverlegung könnten lediglich Gegenstand eines Anspruchs auf **Schadensersatz** aus § 280 I 2 sein. Dies setzt aber Vertretenmüssen auf Seiten des Verkäufers voraus. Der Verkäufer hat allerdings keine Untersuchungspflichten (am Parkett). Deshalb wird er sich in der Regel entlasten können. Ein Verschulden des Herstellers des Parketts muss er sich nicht zurechnen lassen.

Weitergehend siehe auch der gut verständliche Aufsatz von *Lorenz*: „Die Reichweite der kaufrechtlichen Nacherfüllungspflicht durch Neulieferung“, **NJW 2009**, 1633ff.).

II. Schadensersatz / Aufwendungsersatz

Überblick

Beim Anspruch auf Schadensersatz sind der „Schadensersatz statt der Leistung“ und der „Schadensersatz neben der Leistung“ zu unterscheiden. Die Kontrollfrage in der Fall-Lösung lautet also: **Hat der Anspruchsteller noch Interesse an der Leistung?** Speziell im Kaufrecht: Will der Käufer die Sache behalten, oder will er sie zurückgeben und statt ihrer Schadenersatz verlangen? Schadensersatz neben der Leistung wird über § 280 I (bei Schutzpflichtverletzung) und über § 286 (wegen Verzögerung der Leistung) ersetzt. In diesem Kapitel konzentrieren wir uns auf Ansprüche auf Schadenersatz **statt** der Leistung.

Um die richtige Anspruchsgrundlage für das Gutachten aufzufinden, muss man sich folgende Fragen stellen:

Ist der Mangel der Kaufsache **behebbar** (dann: §§ 437 Nr. 3, 440, 281 I 1 Alt. 2) oder **unbehebbar**? Bei anfänglich unbehebbaren Mängeln ist die Anspruchsgrundlage §§ 437 Nr. 3, 311 a II 1. Bei nachträglich unbehebbaren Mängeln lautet sie §§ 437 Nr. 3, 283, 280 I.

Für den Aufwendungsersatz siehe § 284.

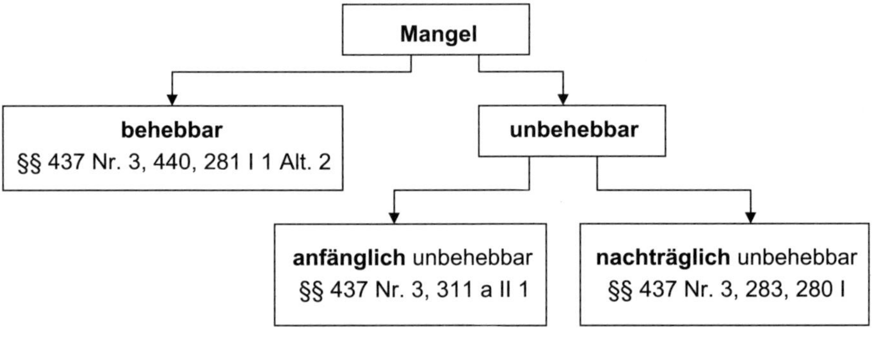

1. Behebbarer Mangel

Schadensersatz statt der Leistung wegen behebbar mangelhafter Kaufsache

Schadensersatz statt der Leistung wegen behebbar mangelhafter Kaufsache gemäß §§ 437 Nr. 3, 440, 281 I 1 Alt. 2

1. Wirksamer Kaufvertrag.
2. Sachmangel (§ 434) oder Rechtsmangel (§ 435) im Zeitpunkt des Gefahrübergangs, §§ 446 S. 1, 447 I.
3. Der Schuldner muss den Mangel zu vertreten haben, §§ 280 I 2 i.V.m. 276.
4. Fristsetzung zur Nacherfüllung verstrichen, § 281 I 1.
   Frist ist *entbehrlich*
   - bei endgültiger Leistungsverweigerung, § 281 II Alt. 1 *oder*
   - bei Vorliegen besonderer Umstände, § 281 II Alt. 2 *oder*
   - wenn der Verkäufer beide Arten der Nacherfüllung gemäß § 439 III *oder* verweigert, § 440 S.1 1.Fall *oder*
   - wenn die Nacherfüllung fehlgeschlagen ist, § 440 S.1 2.Fall *oder*
   - wenn die Nacherfüllung unzumutbar ist, § 440 S.1 3.Fall.
5. Schaden beim Gläubiger aufgrund des Mangels.
6. Keine Kenntnis des Käufers vom Mangel, § 442.
7. Schadensersatz statt der *ganzen* Leistung („großer Schadensersatz") kann nur bei erheblicher Pflichtverletzung verlangt werden, §§ 437 Nr. 3 i.V.m. 281 I 3.

Rechtsfolge: Schadensersatz statt der Leistung.

Aufwendungsersatz statt der Leistung wegen behebbar mangelhafter Kaufsache

Aufwendungsersatz statt der Leistung wegen behebbar mangelhafter Kaufsache gemäß §§ 437 Nr. 3, 440, 281 I 1 Alt. 2 i.V.m. § 284

1. Wirksamer Kaufvertrag.
2. Sachmangel (§ 434) oder Rechtsmangel (§ 435) im Zeitpunkt des Gefahrübergangs, §§ 446 S.1, 447 I.
3. Der Schuldner muss den Mangel zu vertreten haben, §§ 280 I 2 i.V.m. 276.
4. Keine Kenntnis des Käufers vom Mangel, § 442.
5. Fristsetzung zur Nacherfüllung verstrichen, § 281 I 1.
   Fristsetzung ist *entbehrlich*
   - bei endgültiger Leistungsverweigerung, § 281 II Alt. 1 *oder*
   - bei Vorliegen besonderer Umstände, § 281 II Alt. 2 *oder*
   - wenn der Verkäufer beide Arten der Nacherfüllung gemäß § 439 III verweigert, § 440 S.1 1.Fall *oder*
   - wenn die Nacherfüllung fehlgeschlagen ist, § 440 S.1 2.Fall *oder*
   - wenn die Nacherfüllung unzumutbar ist, § 440 S.1 3.Fall.
6. Der Gläubiger muss Aufwendungen gemacht haben, § 284.
7. Die Aufwendungen erfolgten im Vertrauen auf den Erhalt der Leistung, § 284.
8. Der Gläubiger durfte die Aufwendungen billigerweise machen, § 284.
9. Der Anspruch besteht nicht, wenn die Aufwendungen ihren Zweck auch bei ordnungsgemäßer Leistung verfehlt hätten, § 284 a.E.

Rechtsfolge: Aufwendungsersatz statt der Leistung.

Fall 34

Sachverhalt

Fastnachtsnarr K kauft bei V telefonisch ein Sherlock Holmes-Kostüm mit Mütze, Pfeife, Lupe und tragbarem Papp-Straßenschild „*Baker Street 221 B*" für den bevorstehenden Fastnachtsball im „*Kurfürstlichen Schloss zu Mainz*". Nachdem V dem K die Sachen bereits übergeben hat, erklärt V, er habe leider nur noch dieses stark verschmutzte tragbare Papp-Straßenschild, da er versehentlich einen Farbeimer umgestoßen habe. Er habe auch keine Lust, ein sauberes zu besorgen. K, der das Schild des V nun nicht will, sondern sich selbst ein solches Schild bastelt, verlangt die Materialkosten in Höhe von 30 Euro von V ersetzt. Zu Recht ?

Lösung

Anspruch auf Schadensersatz statt der Leistung wegen behebbar mangelhafter Kaufsache gemäß §§ 437 Nr. 3, 440, 281 I 1 Alt. 2

K könnte gegen V einen Anspruch auf Schadensersatz statt der Leistung wegen behebbar mangelhafter Kaufsache in Höhe von 30 Euro gemäß §§ 437 Nr. 3, 440, 281 I 1 Alt. 2 haben.

1. Dazu müsste zunächst zwischen K und V ein Kaufvertrag gemäß § 433 zustande gekommen sein. Dies war der Fall.

2. Weiter muss ein Sachmangel (§ 434 I) im Zeitpunkt des Gefahrübergangs vorgelegen haben (§ 446 S. 1). Ein Sachmangel ist die für den Käufer nachteilige Abweichung der Ist-Beschaffenheit von der vereinbarten Soll-Beschaffenheit (§ 434 I 1).

a) Es wurde vereinbart, dass Bestandteil der Ausstattung auch ein Straßenschild ist. Dieses Schild war zwar schmutzig, aber dennoch vorhanden. Daher lag keine Abweichung von der vereinbarten Beschaffenheit gemäß § 434 I 1 vor.

b) Es könnte jedoch ein Mangel gemäß § 434 I 2 Nr.1 bestanden haben, also keine Eignung für die nach dem Vertrag vorausgesetzte Verwendung vorliegen. K kann auch mit einem verschmutzten Schild auf den Ball gehen. Daher lag keine Abweichung von der nach dem Vertrag vorausgesetzten Verwendung vor.

c) Es kommt allenfalls eine nachteilige Abweichung vom gewöhnlichen Gebrauch gemäß § 434 I 2 Nr.2 in Betracht. Dann dürfte die Kaufsache nicht so beschaffen sein, wie es üblich ist und der Käufer es erwarten kann. Ein Käufer einer neuen Sache kann erwarten, dass die Sache nicht verschmutzt ist. Also liegt ein Mangel zum Zeitpunkt des Gefahrübergangs gemäß § 434 I 2 Nr.2 vor.

3. Die Voraussetzungen für den Schadenersatz richten sich nach § 437 Nr.3. Dabei ist für das Auffinden der einschlägigen Norm (§§ 281 oder 283 oder 311 a) danach zu differenzieren, ob der Mangel behebbar, nachträglich unbehebbar oder anfänglich unbehebbar ist. Im vorliegenden Fall war das Straßenschild stark verschmutzt. Dieser Mangel ist durch Nachlieferung behebbar. Folglich richten sich die weiteren Schadensersatzvoraussetzungen nach § 281.

4. Der Schuldner muss den Mangel zu vertreten haben (§§ 281 I 1 Hs.1, 280 I 2 i.V.m. 276). Indem V den Eimer mit Farbe umstieß, handelte er fahrlässig gemäß § 276 I und hat damit die Verschmutzung des Schildes zu vertreten.

5. K müsste V grundsätzlich gemäß § 281 I 1 eine Frist zur Nacherfüllung gesetzt haben, und diese Frist müsste fruchtlos verstrichen sein. Allerdings ist keine Fristsetzung erfolgt. Sie könnte jedoch gemäß § 281 II oder § 440 S.1 entbehrlich gewesen sein. In Betracht kommt § 440 S. 1 1.Fall als die für den Fall der Nacherfüllung speziellere Norm. V müsste beide Arten der Nacherfüllung gemäß § 439 III verweigert haben.

Er war zwar nicht bereit, für Ersatz zu sorgen oder das Schild zu säubern. Allerdings darf der Verkäufer die gewählte Art der Nacherfüllung gemäß § 439 III 1 nur verweigern, wenn sie mit unverhältnismäßigen Kosten verbunden ist. Dies war nicht der Fall. Also hatte V nicht das Recht, gemäß § 439 III 1 die Nacherfüllung zu verweigern. Die Voraussetzungen für eine Entbehrlichkeit der Fristsetzung gemäß § 440 S. 1 1.Fall liegen nicht vor.

Die Fristsetzung könnte jedoch gemäß § 281 II Alt.1 entbehrlich gewesen sein. Dazu müsste der Verkäufer die Leistung ernsthaft und endgültig verweigert haben. V hat die Nacherfüllung insgesamt verweigert. Also ist die Fristsetzung gemäß § 281 II Alt.1 entbehrlich gewesen.

6. K muss einen Schaden gehabt haben. Er musste sich das Schild selbst basteln und wandte dafür 30 Euro auf. Dies ist sein Schaden.

Ergebnis: K hat gegen V einen Anspruch auf Schadensersatz statt der Leistung wegen behebbar mangelhafter Kaufsache in Höhe von 30 Euro gemäß §§ 437 Nr. 3, 440, 281 I 1 Alt. 2.

Fall 35

Sachverhalt

K, Anwalt im Frankfurter Büro der renommierten Sozietät S, kauft im Auftrag seines Arbeitgebers beim Bürogerätehändler V 40 neue Diktiergeräte für sich und seine Kollegen. V weiß, dass K in einer großen Sozietät angestellt ist. Leider spielen die Geräte die Stimme nur mit doppelter Geschwindigkeit ab. Die Einstellung für die normale Geschwindigkeit ist defekt. Sie könnte allerdings repariert werden. K bringt die Geräte in den Laden des V zurück und verlangt neue, funktionstüchtige Geräte oder zumindest eine Reparatur. V lehnt dies ab. Er will von dem Geschäft nichts mehr wissen. Kann die Sozietät von V Schadensersatz verlangen?

Lösung

Anspruch auf Schadensersatz statt der Leistung wegen behebbar mangelhafter Kaufsache gemäß §§ 437 Nr. 3, 440, 281 I 1 Alt. 2

Die Sozietät könnte einen Anspruch auf Schadensersatz statt der Leistung wegen behebbar mangelhafter Kaufsache gemäß §§ 437 Nr. 3, 440, 281 I 1 Alt. 2 haben.

1. Dazu müsste zunächst zwischen der Sozietät und V ein Kaufvertrag gemäß § 433 zustande gekommen sein. K könnte die Sozietät gemäß § 164 I vertreten haben. Er hat eine eigene Willenserklärung abgegeben. Problematisch könnte jedoch sein, dass K nicht in fremdem Namen gehandelt hat. Er legte nicht offen, dass er die Geräte für die Sozietät erwarb. Es könnte jedoch vorliegend eine Ausnahme vom Offenkundigkeitsprinzip in der Form des „unternehmensbezogenen Geschäfts" vorliegen. Dies ist immer dann der Fall, wenn aus den Umständen entnommen werden kann, dass nicht der Handelnde, sondern der dahinter stehende Unternehmensträger verpflichtet werden soll. V war klar, dass K die 40 Geräte nicht für sich, sondern für die Sozietät erwerben wollte. Folglich liegt eine Ausnahme vom Offenkundigkeitsprinzip vor. Indem K auch mit Vertretungsmacht handelte, wurde die Sozietät wirksam vertreten. Damit ist ein Kaufvertrag zwischen V und der Sozietät nach § 433 zustande gekommen.

2. Weitere Voraussetzung für einen Schadensersatzanspruch ist ein Sachmangel im Zeitpunkt des Gefahrübergangs (§ 434 I). Ein Sachmangel ist die für den Käufer nachteilige Abweichung der Ist-Beschaffenheit von der vereinbarten Soll-Beschaffenheit. Zwar wurde die Beschaffenheit nicht besonders vereinbart. Gemäß § 434 I 2 Nr. 1 muss sich die Sache in einem solchen Fall für den nach dem Vertrag vorausgesetzten Gebrauch eignen. Dies ist angesichts der doppelten Abspielgeschwindigkeit nicht der Fall. Folglich waren die Geräte mangelhaft.

3. Die Voraussetzungen für den Schadenersatz richten sich nach § 437 Nr. 3. Dabei ist für das Auffinden der einschlägigen Norm (§§ 281 oder 283 oder 311 a) danach zu differenzieren, ob der Mangel behebbar, nachträglich unbehebbar oder anfänglich unbehebbar war. Da die Abspielgeschwindigkeit so eingestellt werden könnte, dass sie der normalen Abspielgeschwindigkeit entspricht, ist der Mangel behebbar. Folglich richten sich die weiteren Schadensersatzvoraussetzungen nach § 281.

4. Die Sozietät müsste V grundsätzlich gemäß § 281 I 1 eine Frist zur Nacherfüllung gesetzt haben, und diese Frist müsste verstrichen sein. Allerdings ist keine Fristsetzung erfolgt. Sie könnte jedoch gemäß § 281 II oder § 440 S.1 entbehrlich gewesen sein. In Betracht kommt § 440 S. 1 1.Fall als die für den Fall der Nacherfüllung speziellere Norm. Hier verweigert V die Nacherfüllung mit dem Hinweis, er wolle mit dem Geschäft nichts mehr zu tun haben. Allerdings darf ein Verkäufer die gewählte Art der Nacherfüllung gemäß § 439 III 1 nur verweigern, wenn sie mit unverhältnismäßigen Kosten verbunden ist. Dies war nicht der Fall. Also hatte V nicht das Recht, gemäß § 439 III 1 die Nacherfüllung zu verweigern. Die Voraussetzungen für eine Entbehrlichkeit der Fristsetzung gemäß § 440 S. 1 1.Fall liegen nicht vor. Die Fristsetzung könnte jedoch gemäß § 281 II Alt. 1 entbehrlich gewesen sein. Dazu müsste der Verkäufer die Leistung ernsthaft und endgültig verweigert haben. V war weder bereit, die Geräte zu reparieren noch für Ersatz zu sorgen. Also ist die Fristsetzung gemäß § 281 II Alt. 1 entbehrlich gewesen.

5. Der Schuldner muss den Mangel zu vertreten haben (§ 280 I 2 i.V.m. 276). Gemäß § 280 I 2 muss der Schuldner, hier der Bürohändler V, beweisen, dass er den Mangel nicht zu vertreten hat. Dies gelingt ihm nicht.

6. Die Sozietät muss durch die Pflichtverletzung einen Schaden erlitten haben. Diesbezüglich gibt es keine Anhaltspunkte.

Ergebnis: S hat keinen Anspruch auf Schadensersatz statt der Leistung wegen behebbar mangelhafter Kaufsache gemäß §§ 437 Nr. 3, 440, 281 I 1 Alt. 2.

Anmerkung: Auch wenn S mangels Schaden kein Schadensersatzanspruch zusteht, kann die Sozietät vom Vertrag zurücktreten und den Kaufpreis Zug um Zug gegen Rückgabe der mangelhaften Geräte zurückverlangen.

2. Anfänglich unbehebbarer Mangel

Schadensersatz statt der Leistung wegen anfänglich unbehebbar mangelhafter Kaufsache

Schadensersatz statt der Leistung wegen anfänglich unbehebbar mangelhafter Kaufsache gemäß §§ 437 Nr. 3, 311 a II 1

1. Wirksamer Kaufvertrag.
2. Sachmangel (§ 434) oder Rechtsmangel (§ 435) im Zeitpunkt des Gefahrübergangs, §§ 446 S.1, 3, 447 I.
3. Mangel ist unbehebbar und lag schon bei Vertragsschluss vor, § 311 a I.
4. Kenntnis oder zu vertretende Unkenntnis vom anfänglichen Mangel, 311 a II 2.
5. Keine Kenntnis des Käufers vom Mangel, § 442.
6. Schaden beim Gläubiger aufgrund des Mangels.
7. Schadensersatz statt der *ganzen* Leistung („großer Schadensersatz") kann nur bei erheblicher Pflichtverletzung verlangt werden, §§ 311 a II 3 i.V.m. 281 I 3.

Rechtsfolge: Schadensersatz statt der [ganzen] Leistung.

Aufwendungsersatz statt der Leistung wegen anfänglich unbehebbar mangelhafter Kaufsache

Aufwendungsersatz statt der Leistung wegen anfänglich unbehebbar mangelhafter Kaufsache gemäß §§ 437 Nr. 3, 311 a II 1 i.V.m. 284

1. Wirksamer Kaufvertrag.
2. Sachmangel (§ 434) oder Rechtsmangel (§ 435) im Zeitpunkt des Gefahrübergangs, §§ 446 S.1, 447 I.
3. Mangel ist unbehebbar und lag schon bei Vertragsschluss vor, § 311 a I.
4. Kenntnis oder zu vertretende Unkenntnis vom anfänglichen Mangel, 311 a II 2.
5. Keine Kenntnis des Käufers vom Mangel, § 442.
6. Der Gläubiger muss Aufwendungen gemacht haben, § 284.
7. Die Aufwendungen müssen im Vertrauen auf den Erhalt der Leistung gemacht worden sein, § 284.
8. Der Gläubiger durfte die Aufwendungen billigerweise machen (normatives Element), § 284.
9. Der Anspruch besteht nicht, wenn die Aufwendungen ihren Zweck auch bei ordnungsgemäßer Leistung verfehlt hätten, § 284 a.E.

Rechtsfolge: Aufwendungsersatz statt der Leistung.

Fall 36

Sachverhalt

K ist begeistert von Sportbooten. Daher sucht er Sportboothändler V auf, der ihm das Boot „*Bianca*“ verkauft. V versichert, das Boot sei brandneu. Nach sieben Monaten hat K zum ersten Mal die Möglichkeit, das Boot zu Wasser zu lassen. Dabei blättert etwas Farbe ab, und K bemerkt, dass das Boot neu überstrichen wurde. Es stellt sich heraus, dass das Boot bereits gebraucht war, was V wusste. K ist erbost. Er will unbedingt ein neues Boot haben. Dafür muss er aber mittlerweile 5 000 Euro mehr bezahlen. Diese 5 000 Euro verlangt er von V ersetzt. Zu Recht ?

Lösung

I. Anspruch auf Schadensersatz statt der Leistung wegen anfänglich unbehebbar mangelhafter Kaufsache gemäß §§ 437 Nr. 3, 311 a II 1

K könnte gegen V einen Anspruch auf Schadensersatz in Höhe von 5 000 Euro aus §§ 437 Nr. 3, 311 a II 1 haben.

1. V und K haben den erforderlichen Kaufvertrag nach § 433 geschlossen.

2. Die Kaufsache müsste einen Mangel im Zeitpunkt des Gefahrübergangs (§ 446 S.1) aufweisen. Es kommt ein Sachmangel gemäß § 434 I in Betracht. Ein Sachmangel ist die für den Käufer nachteilige Abweichung der Ist-Beschaffenheit von der vereinbarten Soll-Beschaffenheit. V und K haben sich darüber geeinigt, dass ein neues Boot verkauft wird. Es war also eine Beschaffenheit besonders vereinbart im Sinne des § 434 I 1. Das Boot war aber entgegen der Beteuerung des V nicht neu. Folglich lag aufgrund der Abweichung von der vereinbarten Beschaffenheit ein Mangel vor. Dieser Mangel bestand auch im Zeitpunkt des Gefahrübergangs, der Übergabe (§ 446 S.1).

3. Die Voraussetzungen des Schadenersatzes richten sich nach § 437 Nr. 3. Dabei ist nun für das Auffinden der einschlägigen Norm (§§ 280 oder 281 oder 283 oder 311 a) danach zu differenzieren, ob der Mangel behebbar, anfänglich unbehebbar oder nachträglich unbehebbar war.

Die Tatsache, dass es sich bei der „*Bianca*“ um ein gebrauchtes Boot handelt, ist nicht mehr rückgängig zu machen. Es handelt sich daher um einen unbehebbaren Mangel. Indem dieser Mangel schon bei Vertragsschluss nicht behoben werden konnte, liegt ein anfänglich unbehebbarer Mangel vor.

Die weiteren Voraussetzungen für einen Schadensersatzanspruch richten sich daher nach § 311 a II.

4. Es ist gemäß § 311 a II 2 erforderlich, dass der Verkäufer Kenntnis von dem anfänglichen Mangel hatte (Alt. 1), oder dass er den Mangel zumindest hätte kennen müssen (Alt. 2). Im vorliegenden Fall wusste V vom Mangel des Bootes. Er kannte damit den Mangel nach § 311 a II 2 Alt. 1.

5. Der Gläubiger K müsste durch den Mangel einen Schaden gehabt haben. Der Schaden ist nach der Differenzhypothese zu ermitteln. Es ist also zu überlegen, ob K bei ordnungsgemäßer Erfüllung vermögensmäßig besser stünde als er jetzt steht. Hätte V das Vereinbarte geleistet, so wäre K jetzt Eigentümer eines neuen Bootes. Ein vergleichbares neues Boot kostet ihn nun 5 000 Euro mehr als zu der Zeit, als er die gebrauchte „*Bianca*" bei V erwarb. Folglich hat er einen Schaden in Höhe von 5 000 Euro.

Ergebnis: K hat gegen V einen Anspruch auf Schadensersatz in Höhe von 5 000 Euro aus §§ 437 Nr. 3, 311 a II 1.

II. Anspruch auf Schadensersatz aus §§ 280 I, 311 II, 241 II

K könnte gegen V einen Anspruch auf Schadensersatz in Höhe von 5 000 Euro aus §§ 280 I, 311 II, 241 II haben.

1. Dazu müsste ein Schuldverhältnis bestehen. Ein Schuldverhältnis kommt gemäß § 311 II auch dann zustande, wenn Vertragsverhandlungen aufgenommen wurden (§ 311 I Nr.1). V und K haben über das Boot „*Bianca*" verhandelt. Folglich wurde ein Schuldverhältnis bereits vor Vertragsschluss begründet.

2. V müsste eine Pflicht aus diesem Schuldverhältnis verletzt haben. Diese Pflichtverletzung liegt in der Täuschung des V über das Alter des Bootes.

3. Indem V den K vorsätzlich täuschte, hat er die Pflichtverletzung gemäß § 280 I 2 i.V.m. § 276 I 1 zu vertreten.

4. K hat einen Schaden in Höhe von 5000 Euro.

Ergebnis: K hat gegen V einen Anspruch auf Schadensersatz in Höhe von 5 000 Euro aus §§ 280 I, 311 II, 241 II.

Dieser Anspruch könnte jedoch hinter die Gewährleistung zurücktreten, da andernfalls die gewährleistungsrechtliche Sonderverjährung unterlaufen würde. Diese beträgt nach § 438 I Nr. 3 regelmäßig zwei Jahre. Sie ist kürzer als die Regelverjährung von drei Jahren (§ 195), die für §§ 280 I, 311 II, 241 gilt. Vorliegend ist eine längere Verjährungsfrist jedoch gerechtfertigt, da der Verkäufer arglistig handelte (a.A. vertretbar). Im überkommenen Recht ließ die Rechtsprechung bei Arglist einen Anspruch aus c.i.c. auch neben § 463 a.F. zu.

III. Anspruch auf Schadensersatz aus § 823 I

K könnte gegen V einen Anspruch auf Schadensersatz in Höhe von 5 000 Euro aus § 823 I haben. Dazu müsste V ein absolutes Rechtsgut des K verletzt haben. Betroffen ist aber nur das Vermögen des K, welches kein absolutes Rechtsgut darstellt.

Ergebnis: Mangels Verletzung eines absoluten Rechtsguts hat K gegen V keinen Anspruch auf Schadensersatz in Höhe von 5 000 Euro aus § 823 I.

IV. Anspruch auf Schadensersatz aus § 823 II BGB i.V.m. § 263 I StGB

K könnte gegen V einen Anspruch auf Schadensersatz in Höhe von 5 000 Euro aus § 823 II BGB i.V.m. § 263 I StGB haben.

1. § 263 StGB müsste ein Schutzgesetz im Sinne des § 823 II BGB darstellen. Schutzgesetze sind Normen, die den Schutz von Individualrechtsgütern bezwecken, ohne dass dieser Schutz lediglich reflexartig aufgrund eines Schutzes der Allgemeinheit entsteht. § 263 I StGB schützt das Vermögen des Individuums und ist somit ein Schutzgesetz.

2. Die Voraussetzungen von § 263 I StGB müssen vorliegen. V hat den Tatbestand des Betruges verwirklicht. Die Tat des V war auch rechtswidrig und schuldhaft. Ein vollendeter Betrug liegt vor.

Ergebnis: K hat gegen V einen Anspruch auf Schadensersatz in Höhe von 5 000 Euro aus § 823 II BGB i.V.m. § 263 I StGB.

Anmerkungen

1. Gefragt war nach Schadensersatz. Grundsätzlich hat die Nacherfüllung Vorrang vor einem Schadensersatzanspruch. Bei einer nicht vertretbaren Kaufsache ist jedoch für die Lieferung einer mangelfreien Sache (§ 439 I) kein Raum, wenn der Mangel unbehebbar ist. Daher kann sofort Schadensersatz verlangt werden.

2. § 812 I 1 Alt.1 war nicht zu prüfen, da nur nach Schadensersatz gefragt war.

3. Nachträglich unbehebbarer Mangel

Schadensersatz statt der Leistung wegen nachträglich unbehebbar mangelhafter Kaufsache

Schadensersatz statt der Leistung wegen nachträglich unbehebbar mangelhafter Kaufsache gemäß §§ 437 Nr. 3, 283, 280 I

1. Wirksamer Kaufvertrag.
2. Sachmangel (§ 434) oder Rechtsmangel (§ 435) im Zeitpunkt des Gefahrübergangs, §§ 446 S.1, 447 I.
3. Mangel ist nachträglich unbehebbar (abzuleiten aus §§ 283 i.V.m. 275).
4. Verkäufer hat die Mangelhaftigkeit zu vertreten, §§ 280 I 2 i.V.m. 276.
5. Keine Kenntnis des Käufers vom Mangel, § 442.
6. Schaden beim Gläubiger durch den Mangel.
7. Schadensersatz statt der *ganzen* Leistung („unbeschränkter Schadensersatz“) kann nur bei erheblicher Pflichtverletzung verlangt werden, §§ 283 S.2 i.V.m. 281 I 3.

   Rechtsfolge: Schadensersatz statt der [ganzen] Leistung.

Aufwendungsersatz statt der Leistung wegen nachträglich unbehebbar mangelhafter Kaufsache

Aufwendungsersatz statt der Leistung wegen nachträglich unbehebbar mangelhafter Kaufsache gemäß §§ 437 Nr. 3, 283, 280 I i.V.m. 284

1. Wirksamer Kaufvertrag.
2. Sachmangel (§ 434) oder Rechtsmangel (§ 435) im Zeitpunkt des Gefahrübergangs, §§ 446 S.1, 447 I.
3. Mangel ist nachträglich unbehebbar (abzuleiten aus §§ 283 i.V.m. 275).
4. Verkäufer hat die Mangelhaftigkeit zu vertreten, §§ 280 I 2 i.V.m. 276.
5. Keine Kenntnis des Käufers vom Mangel, § 442.
6. Der Gläubiger muss Aufwendungen gemacht haben, § 284.
7. Die Aufwendungen erfolgten im Vertrauen auf den Erhalt der Leistung, § 284.
8. Der Gläubiger durfte die Aufwendungen billigerweise machen, § 284.
9. Der Anspruch besteht nicht, wenn die Aufwendungen ihren Zweck auch bei ordnungsgemäßer Leistung verfehlt hätten, § 284 a.E.

Rechtsfolge: Aufwendungsersatz statt der Leistung.

Fall 37

Sachverhalt

Z ist Pferdezüchter, der Rennpferde verkauft. Er verkauft dem Jockey J das Rennpferd „*Schneller Brüter*“ für 12 000 Euro, die J sofort bar bezahlt. Das Pferd, objektiv 15 000 Euro wert, ist in den letzten Rennen stets als Sieger hervorgegangen. J freut sich, dass Z ihm das Pferd verkauft hat, und beide vereinbaren, dass Z das Tier anliefert. Als Z das Pferd zu J bringen will, erleidet er infolge einer Unachtsamkeit einen Unfall, bei dem das Pferd leicht verletzt wird. Dadurch kann es als Rennpferd nicht mehr eingesetzt werden und ist nur noch 2 000 Euro wert. J erklärt, er hätte am Wochenende mit dem Pferd am „*Großen Preis von Bretzenheim*“ teilgenommen und das Preisgeld von 3 000 Euro aufgrund der guten Form des „*Schnellen Brüters*“ gewonnen. Darüber hinaus erklärt er V, er habe sich einen speziellen Maßsattel anfertigen lassen, der nur in Verbindung mit dem „Schnellen Brüter“ zu gebrauchen sei. Dieser Sattel habe ihn 500 Euro gekostet. Im Übrigen habe er an dem „lahmen Gaul“ kein Interesse mehr. Vertragliche Ansprüche des J gegen Z ?

Lösung

I. Anspruch auf Schadensersatz statt der Leistung wegen nachträglich unbehebbar mangelhafter Kaufsache gemäß §§ 437 Nr. 3, 283, 280 I

J könnte einen Anspruch gegen Z auf Schadensersatz statt der Leistung wegen nachträglich unbehebbar mangelhafter Kaufsache gemäß §§ 437 Nr. 3, 283, 280 I haben.

1. Z und J müssen einen Kaufvertrag nach § 433 über eine Sache geschlossen haben. Das Pferd ist als Tier zwar keine Sache, wird aber wie eine solche behandelt (§ 90 a). Z und K haben darüber einen Kaufvertrag geschlossen.

2. Das Tier muss im Zeitpunkt des Gefahrübergangs mangelhaft gewesen sein. In Betracht kommt ein Sachmangel (§ 434 I). Ein Sachmangel ist die für den Käufer nachteilige Abweichung der Ist-Beschaffenheit von der vereinbarten Soll-Beschaffenheit. Zwar wurde die Renneignung des Pferdes nicht besonders vereinbart. Gemäß § 434 I 2 Alt.1 muss sich die Sache in einem solchen Fall für den nach dem Vertrag vorausgesetzten Gebrauch eignen. Den beiden Vertragspartnern war klar, dass das Pferd als Rennpferd eingesetzt werden sollte. Folglich hatte die verkaufte Sache einen Mangel. Dieser Mangel müsste auch im Zeitpunkt des Gefahrübergangs vorgelegen haben (§ 434 I 1). Die Gefahr geht gemäß § 446 S.1 mit der Übergabe der Sache auf den Käufer über. Zwar war das Pferd bei Vertragsschluss noch gesund. Bei Übergabe war es jedoch schon verletzt. Also lag der Mangel im Zeitpunkt des Gefahrübergangs vor.

3. Die Voraussetzungen des Schadenersatzes richten sich nach § 437 Nr. 3. Dabei ist nun für das Auffinden der einschlägigen Norm (§§ 281 oder 283 oder 311 a) danach zu differenzieren, ob der Mangel behebbar, nachträglich unbehebbar oder anfänglich unbehebbar war.

Die Tatsache, dass der *„Schnelle Brüter"* nun nicht mehr als Rennpferd zu gebrauchen ist, ist nicht mehr rückgängig zu machen. Es handelt sich daher um einen unbehebbaren Mangel. Indem dieser Mangel erst nach Vertragsschluss auftrat, liegt ein nachträglich unbehebbarer Mangel vor.

Folglich ist die Vorschrift des § 283 anzuwenden, aus der sich die weiteren Voraussetzungen für einen Schadensersatzanspruch ableiten lassen.

4. Der Verkäufer muss die Mangelhaftigkeit gemäß §§ 283 S.1, 280 I 2 i.V.m. 276 zu vertreten haben. Z hat den Unfall, bei dem das Pferd verletzt wurde, leicht fahrlässig verursacht. Er hat somit den Mangel zu vertreten.

5. Der Gläubiger J müsste einen Schaden davongetragen haben. Schäden sind unfreiwillige Vermögensopfer.

a) Durch den Unfall hat sich der Wert des Pferdes um 13 000 Euro vermindert. Diesen Betrag kann J als Schaden geltend machen.

b) Ferner ist zu überlegen, ob die Kosten für den Kauf des Maßsattels einen Schaden darstellen. J hat den Betrag für den Sattel freiwillig aufgebracht. Daher liegt kein Schaden vor.

c) J könnte aber möglicherweise 3 000 Euro Schadensersatz verlangen, indem er geltend macht, der „Schnelle Brüter" hätte den „Großen Preis von Bretzenheim gewonnen". Dieser entgangene Gewinn ist allerdings kein Schadensposten, durch den der Wert der Sache aufgrund der Mangelhaftigkeit gemindert wurde. Es handelt sich daher nicht um einen Mangelschaden, sondern um einen Mangelfolgeschaden. Die Anspruchsgrundlage der §§ 437 Nr. 3, 283, 280 I umfasst jedoch nur den Mangelschaden. Der Mangelschaden des J beträgt 13 000 Euro.

6. Die Erklärung des J, er wolle „den lahmen Gaul" nun nicht mehr haben, ist als das Begehren des Schadensersatzes statt der *ganzen* Leistung („großer/unbeschränkter Schadensersatz") auszulegen (§ 157). Dieser kann gemäß §§ 283 S.2 i.V.m. 281 I 3 nur bei erheblicher Pflichtverletzung verlangt werden.

Die Mangelhaftigkeit des Pferdes müsste folglich eine erhebliche Pflichtverletzung darstellen. Durch die Verletzung des Pferdes ist das Tier als Rennpferd untauglich. Jockey J hat für das Pferd keine Verwendung. Für ihn bedeutet der Mangel, dass die gesamte Leistung für ihn keinen Sinn mehr hat. Daher handelt es sich um eine erhebliche Pflichtverletzung. Folglich kann J von Z den Wert des Pferdes, also 15 000 Euro verlangen.

Ergebnis: J hat gegen Z einen Anspruch auf Schadensersatz statt der ganzen Leistung in Höhe von 15 000 Euro wegen nachträglich unbehebbar mangelhafter Kaufsache gemäß §§ 437 Nr. 3, 283, 280 I, 281 I 3 Zug-um-Zug gegen Rückgabe des Pferdes (§ 348 S. 1).

II. Anspruch auf Ersatz des Mangelfolgeschaden gemäß §§ 437 Nr. 3, 280 I

J könnte gegen Z einen Anspruch auf Zahlung von 3 000 Euro aus §§ 437 Nr. 3, 280 I haben.

1. Z und J haben einen Kaufvertrag nach § 433 geschlossen.

2. Es liegt ein Sachmangel im Zeitpunkt des Gefahrübergangs vor (§ 434).

3. Der Verkäufer hat die Mangelhaftigkeit zu vertreten gemäß §§ 280 I i.V.m. 276.

4. Beim Gläubiger muss durch die Pflichtverletzung ein Schaden entstanden sein. Schäden sind unfreiwillige Vermögensopfer. Ob die Siegerprämie als Schaden anzusehen ist, ist zweifelhaft. § 249 S.1 statuiert den Grundsatz der Naturalrestitution. Der Gläubiger ist so zu stellen, wie er stünde, wenn das schädigende Ereignis nicht eingetreten wäre. § 252 S.1 stellt allerdings klar, dass dabei auch ein entgangener Gewinn umfasst ist. Ob der „Schnelle Brüter" den „Großen Preis von Bretzenheim" gewonnen hätte, ist nicht festzustellen. Allerdings ist auf den wahrscheinlichen Lauf der Dinge abzustellen (§ 252 S.2). Da der „Schnelle Brüter" die letzten Rennen stets gewonnen hat, ist nach dem gewöhnlichen Lauf der Dinge mit Wahrscheinlichkeit zu erwarten, dass er auch den „Großen Preis von Bretzenheim" gewonnen hätte. Folglich ist das Preisgeld in Höhe von 3 000 Euro von Z zu ersetzen.

Ergebnis: J hat gegen Z einen Anspruch auf Ersatz des Mangelfolgeschaden gemäß §§ 437 Nr. 3, 280 I in Höhe von 3 000 Euro.

III. Anspruch auf Aufwendungsersatz statt der Leistung wegen nachträglich unbehebbar mangelhafter Kaufsache gemäß §§ 437 Nr. 3, 283, 280 I i.V.m. 284

J könnte gegen Z einen Anspruch auf Aufwendungsersatz für den Maßsattel in Höhe von 500 Euro statt der Leistung wegen nachträglich unbehebbar mangelhafter Kaufsache gemäß §§ 437 Nr. 3, 283, 280 I i.V.m. 284 haben.

1. Die Voraussetzungen für einen Schadensersatzanspruch statt der Leistung wegen nachträglich unbehebbar mangelhafter Kaufsache gemäß §§ 437 Nr. 3, 283, 280 I liegen vor (siehe unter I.).

2. Anstelle des Schadensersatzes kann Aufwendungsersatz unter den Voraussetzungen des § 284 verlangt werden. J müsste also zunächst einmal Aufwendungen gemacht haben. Aufwendungen sind freiwillige Vermögensopfer. Der Kauf des Maßsattels stellt ein solches freiwilliges Vermögensopfer dar.

3. Indem J fest damit rechnete, das Pferd zu erhalten, erfolgten seine Aufwendungen gemäß § 284 im Vertrauen auf den Erhalt der Leistung.

4. Der Gläubiger müsste die Aufwendungen billigerweise machen dürfen (§ 284). Als professioneller Jockey konnte J billigerweise 500 Euro für einen Sattel ausgeben.

5. Der Anspruch dürfte nicht gemäß § 284 a.E. ausgeschlossen sein. Dies ist der Fall, wenn die Aufwendungen ihren Zweck auch bei ordnungsgemäßer Leistung verfehlt hätten. Hätte J ein gesundes Pferd erhalten, hätte er den Sattel problemlos nutzen können. Der Anspruch ist daher nicht gemäß § 284 a.E. ausgeschlossen.

Ergebnis: J kann einen Anspruch auf Aufwendungsersatz statt der Leistung wegen nachträglich unbehebbar mangelhafter Kaufsache gemäß §§ 437 Nr. 3, 283, 280 I i.V.m. 284 in Höhe von 500 Euro geltend machen. Fraglich ist, ob er diesen *zusätzlich* zu seinem Anspruch auf Schadensersatz statt der Leistung in Höhe von 13 000 Euro gelten machen kann. Der Wortlaut des § 284 („anstelle") spricht dagegen. Allerdings ist Sinn der Vorschrift nur, eine doppelte Entschädigung für den gleichen Posten auszuschließen. Hier handelt sich bei dem Maßsattel um eine Begleitaufwendung. Eine doppelte Entschädigung liegt nicht vor.

Gesamtergebnis: J kann Schadensersatz statt der ganzen Leistung und den Ersatz des Mangelfolgeschadens beanspruchen und von Z insgesamt 18 500 Euro verlangen.

III. Rücktritt

Überblick

Beim **Rücktritt** werden alle empfangenen Leistungen zurückgewährt (§§ 346 ff.). Alternativ kann der Käufer **Minderung** verlangen (§ 441 I 1). Das bedeutet, dass er weniger zahlen muss. Seine Gegenleistung wird also der Leistung angepasst. Der Rücktritt ist ein Gestaltungsrecht.

1. Behebbarer Mangel

Rücktritt wegen behebbar mangelhafter Kaufsache

Rücktritt wegen behebbar mangelhafter Kaufsache gemäß §§ 437 Nr. 2 Alt. 1, 323, 346 I

1. Wirksamer Kaufvertrag.
2. Sachmangel (§ 434) oder Rechtsmangel (§ 435) im Zeitpunkt des Gefahrübergangs, §§ 446 S. 1, 447 I.
3. Erheblichkeit der Pflichtverletzung § 323 V 2.
4. Ernsthafte Fristsetzung und Fristablauf.
   Die Fristsetzung ist *entbehrlich*
   nach § 440 S.1 bei
   - Verweigerung der Nacherfüllung durch den Verkäufer (1.Fall) *oder*
   - Fehlschlagen der Nacherfüllung (2.Fall) *oder*
   - Unzumutbarkeit der Nacherfüllung (3.Fall) *oder*

   nach § 323 II, bei
   Nr. 1: ernsthafter und endgültiger Erfüllungsverweigerung, *oder*
   Nr. 2: relativem Fixgeschäft, *oder*
   Nr. 3: Rechtfertigung aus besonderem Grund
   (Auffangnorm für besonders schwere Pflichtverletzungen).
5. Erklärung des Rücktritts, § 349.
6. Keine Kenntnis des Käufers vom Mangel, § 442.
7. Ausschluss des Rücktrittsrechts, wenn
   - der Gläubiger für den Umstand, der ihn zum Rücktritt berechtigen würde, allein oder weit überwiegend verantwortlich ist, § 323 VI Alt. 1, *oder*
   - der vom Schuldner nicht zu vertretende Umstand zu einer Zeit eintritt, zu der der Gläubiger im Annahmeverzug ist, § 323 VI Alt. 2.

Fall 38

Sachverhalt

Jurastudent K will seine altdeutsche Wohnungseinrichtung erneuern, die er von seinem Vormieter übernommen hatte. Dazu sucht er das Möbelhaus V auf, um dort unter anderem den Schrank *„Björn"* zu erwerben. Dieser Schrank muss zuhause noch von K zusammengebaut werden. K scheut sich nicht davor, da der Verkäufer ihm erklärt hat, es liege eine Bauanleitung bei.

Zuhause angekommen, muss K erschreckt feststellen, dass die Bauanleitung aus einem Fließtext von 25 Seiten ohne Zeichnungen besteht. Da die technische Sprache („Verbinden Sie die beiden Nuten durch den Stahlstift") nicht verständlich ist, vermag er trotz Mühen nicht, den Schrank aufzustellen.

Auf seine Bitte, ihm eine verständliche Anleitung zukommen zu lassen, schickt ihm das Möbelhaus eine ähnlich komplizierte Anleitung, mit der K ebenfalls nichts anfangen kann. Dies geschieht noch ein weiteres Mal. Trotz der drei vorliegenden Anleitungen kann K den Schrank nicht montieren. Als K erneut opponiert, reagiert das Möbelhaus verärgert. Es könne nichts dafür, dass K „ein technisch unterbelichteter Rechtsverdreher" sei. Man könne K jedoch noch eine weitere Anleitung schicken. K hat genug und will sein Geld zurück.
Ansprüche des K gegen V ?

Lösung

Anspruch des K gegen V auf Rückgewähr des Kaufpreises aus §§ 346 I, 437 Nr. 2 Alt. 1

K könnte gegen V einen Anspruch auf Rückgewähr des Kaufpreises aus §§ 346 I, 437 Nr. 2 Alt. 1 haben.

1. Dazu müsste zunächst zwischen K und V ein Kaufvertrag gemäß § 433 zustande gekommen sein. Dies ist der Fall.

2. Weitere Voraussetzung des Anspruchs auf Rückgewähr ist das Vorliegen eines Rücktrittsgrundes (§ 323 I 1). Es könnte ein Sachmangel im Zeitpunkt des Gefahrübergangs vorgelegen haben (§ 434 I). Ein Sachmangel ist die für den Käufer nachteilige Abweichung der Ist-Beschaffenheit von der vereinbarten Soll-Beschaffenheit. Die Beschaffenheit der Sache weicht nicht nachteilig vom Soll-Zustand ab. Mangelhaft könnte jedoch die Montageanleitung gewesen sein. Eine Montageanleitung muss so abgefasst sein, dass ein durchschnittlicher Käufer in der Lage ist, die Anleitung zu verstehen (§ 242). Ist dies nur schwer durch einen Fließtext zu vermitteln, müssen Zeichnungen zur Klarheit eingefügt sein. Diesen Anforderungen hält die Anleitung des Möbelhauses V nicht stand. Fraglich ist jedoch, ob auch die Mangelhaftigkeit einer der Kaufsache beigelegten Anleitung als

Mangelhaftigkeit der an sich mangelfreien Sache angesehen werden kann. Dies beantwortet § 434 II 2 positiv. Folglich liegt ein Sachmangel vor. Dieser bestand auch im Zeitpunkt des Gefahrübergangs, der Übergabe (§ 446 S.1). Damit ist ein Rücktrittsgrund gemäß § 323 I 1 gegeben.

3. Gemäß § 323 V 2 darf keine nur unerhebliche Pflichtverletzung vorliegen, da dem Gläubiger ansonsten der Rücktritt verwehrt wäre. Die fehlerhafte Montageanleitung bewirkt, dass K den Schrank nicht aufbauen und ihn somit nicht nutzen kann. Daher ist die Pflichtverletzung nicht unerheblich i.S.d. § 323 V 2.

4. K müsste V gemäß § 323 I eine Frist gesetzt haben, die abgelaufen ist.

a) K hat eine solche Frist nicht gesetzt.

b) Die Fristsetzung könnte jedoch gemäß § 440 S.1 1.Fall entbehrlich gewesen sein. Dazu müsste das Möbelhaus die Nacherfüllung zu Recht verweigert haben. V hat angeboten, K eine weitere Anleitung zu schicken. Dadurch hat es die Nacherfüllung angeboten. Die Fristsetzung war also nicht gemäß § 440 S.1 1.Fall entbehrlich.

c) Sie könnte jedoch gemäß § 440 S. 1 2.Fall i.V.m. S. 2 entbehrlich gewesen sein. Dazu müsste die Nacherfüllung nach dem zweiten erfolglosen Versuch fehlgeschlagen sein. Auf einen dritten Nacherfüllungsversuch muss sich der Käufer also nicht einlassen. V hat bereits zweimal versucht, verständliche Anleitungen nachzuliefern. Diese Versuche sind nicht geglückt. Daher liegt ein Fehlschlagen vor, und die Fristsetzung war gemäß § 440 S.1 2.Fall i.V.m. S. 2 entbehrlich.

5. K müsste den Rücktritt gemäß § 349 erklärt haben. Indem er zum Ausdruck gebracht hat, er wolle sein Geld zurück, hat er den Rücktritt erklärt.

6. Der Rücktritt dürfte nicht gemäß § 323 VI ausgeschlossen sein. Für einen Ausschluss bestehen keine Anhaltspunkte.

7. Die Rechtsfolge des Rücktritts ist die Rückgewähr der empfangenen Leistungen. V ist also zur Rückzahlung des Kaufpreises verpflichtet.

8. Dem Anspruch könnte jedoch die Einrede aus §§ 348, 320 I S.1 entgegenstehen. Dann müsste V gegen K einen Anspruch aus dem Schuldverhältnis haben. Gemäß § 346 I hat V gegen K einen Anspruch auf Rückgewähr des Schrankes. Folglich steht V die Einrede aus §§ 348, 320 I S.1 zu.

Ergebnis: K hat einen Anspruch auf Rückgewähr des Kaufpreises gemäß §§ 346 I, 437 Nr. 2 Alt. 1 Zug um Zug gegen Rückübereignung des Schrankes.

2. Unbehebbarer Mangel

Rücktritt wegen unbehebbar mangelhafter Kaufsache

Rücktritt wegen unbehebbar mangelhafter Kaufsache gemäß §§ 346 I, 437 Nr. 2 Alt. 1, 326 V

1. Wirksamer Kaufvertrag.
2. Sach- oder Rechtsmangel (§§ 434f.) im Zeitpunkt des Gefahrübergangs.
3. Erheblichkeit der Pflichtverletzung, § 323 V 2.
4. Die Fristsetzung ist nach § 326 V *entbehrlich*, da der Mangel unbehebbar ist, und dadurch der Schuldner gemäß § 275 von der Leistung frei wird.
5. Erklärung des Rücktritts, § 349.
6. Keine Kenntnis des Käufers vom Mangel, § 442.
7. Ausschluss des Rücktrittsrechts, wenn
   - der Gläubiger für den Umstand, der ihn zum Rücktritt berechtigen würde, allein oder weit überwiegend verantwortlich ist, § 323 VI Alt. 1, *oder*
   - der vom Schuldner nicht zu vertretende Umstand zu einer Zeit eintritt, zu der der Gläubiger im Annahmeverzug ist, § 323 VI Alt. 2.

Fall 39

Sachverhalt

V verkauft teure Designerkleidung. Er ersteht von Händler H zu einem günstigen Preis gelb und violett karierte Hemden der Designermarke „*Laurent St. Yves*", die angeblich aus einer Versteigerung stammen. Leider muss er nach kurzer Zeit feststellen, dass „*Laurent St. Yves*" gar keine Hemden in dieser Farbe herstellt und die Marke täuschend echt imitiert wurde, es sich bei den Hemden also um von Produktpiraten hergestellte Fälschungen handelt. V, der Angst hat, dass ihm der Hersteller den Verkauf der Hemden untersagt, schickt H die Hemden sofort zurück mit der Bitte um Rückerstattung des Kaufpreises. H beteuert wahrheitsgemäß, er habe von alledem nichts gewusst. Muss H dennoch den Kaufpreis zurückzahlen?

Bearbeitervermerk: § 14 II, III, V Markengesetz gibt dem Markeninhaber den Anspruch, den Verkauf von Produkten zu verbieten, auf denen eine identische oder ähnliche Marke angebracht ist.

Lösung

Anspruch des V gegen H auf Rückgewähr des Kaufpreises aus §§ 346 I, 437 Nr. 2 Alt. 1

V könnte gegen H einen Anspruch auf Rückgewähr des Kaufpreises aus §§ 346 I, 437 Nr. 2 Alt. 1 haben.

1. Dazu müsste zunächst zwischen H und V ein Kaufvertrag gemäß § 433 zustande gekommen sein. Dies ist der Fall.

2. Weitere Voraussetzung des Anspruchs auf Rückgewähr ist das Vorliegen eines Rücktrittsgrundes. Es könnte ein Sachmangel nach § 434 I im Zeitpunkt des Gefahrübergangs (§ 446 S. 1) vorgelegen haben. Ein Sachmangel ist die für den Käufer nachteilige Abweichung der Ist-Beschaffenheit von der vereinbarten Soll-Beschaffenheit. Die Tauglichkeit der Hemden ist nicht beeinträchtigt. Daher liegt kein Sachmangel gemäß § 434 I vor.
Es könnte allerdings ein Rechtsmangel im Sinne des § 435 bestehen. Dies ist dann der Fall, wenn die Kaufsache mit einem nicht im Kaufvertrag genannten Recht eines Dritten belastet ist. Auf den Hemden lastet das Markenrecht des Herstellers. Der Hersteller kann V jederzeit gemäß § 14 II, III, V Markengesetz den Verkauf von Hemden mit der gefälschten Marke untersagen. Folglich sind die Hemden rechtsmangelhaft. Die Mangelhaftigkeit bestand auch im Zeitpunkt des Gefahrübergangs, der Übergabe (§ 446 S.1).

3. Gemäß § 323 V 2 darf keine nur unerhebliche Pflichtverletzung vorliegen, da dem Gläubiger ansonsten der Rücktritt verwehrt wäre. Über V hängt das Damokles-Schwert des Unterlassungsanspruchs. Daher ist die Pflichtverletzung nicht unerheblich gemäß § 323 V 2.

4. V müsste H gemäß § 323 I eine Frist gesetzt haben, die abgelaufen ist. V hat eine solche Frist nicht gesetzt. Die Fristsetzung könnte jedoch gemäß § 326 V Hs. 2 entbehrlich gewesen sein. Dazu muss der Schuldner von seiner Leistungspflicht gemäß § 275 frei geworden sein. Bei einem unbehebbaren Mangel ist der Verkäufer von seiner Pflicht zur Nacherfüllung selbstverständlich befreit. Also ist die Unbehebbarkeit des Mangels die Voraussetzung der Entbehrlichkeit der Fristsetzung gemäß § 326 V Hs. 2. H kann keine gelb-violett karierten Hemden liefern, da es solche von „*Laurent St. Yves*“ nicht gibt. Also lag ein unbehebbarer Mangel vor. Mithin war eine Fristsetzung gemäß § 326 V Hs. 2 entbehrlich.

5. V müsste den Rücktritt gemäß § 349 erklärt haben. Indem er zum Ausdruck gebracht hat, er wolle sein Geld zurück, hat er den Rücktritt erklärt.

6. Der Rücktritt dürfte nicht gemäß § 323 VI ausgeschlossen sein. Für einen Ausschluss bestehen keine Anhaltspunkte.

7. Die Rechtsfolge des Rücktritts ist die Rückgewähr der empfangenen Leistungen. V ist also zur Rückzahlung des Kaufpreises verpflichtet.

8. Dem Anspruch könnten jedoch §§ 348, 320 I S.1 entgegenstehen. Dann müsste V gegen H einen Anspruch aus dem Schuldverhältnis haben. V hat H die Hemden bereits zurückgeschickt. Daher steht H nicht die Einrede aus §§ 348, 320 I S.1 zu.

Ergebnis: V hat gegen H einen Anspruch auf Rückgewähr des Kaufpreises für die Hemden gemäß §§ 346 I, 437 Nr. 2 Alt. 1.

Anmerkung

Da das Rücktrittsrecht ein Vertretenmüssen nicht voraussetzt, hilft H der Einwand nicht, er habe von allem nichts gewusst.

IV. Minderung

Überblick

Der Käufer wird sich für das Gewährleistungsrecht der Minderung entscheiden, wenn er die mangelhafte Sache zwar behalten will, aber nur weniger dafür zu zahlen bereit ist. Im neuen Recht ist die Minderung, ebenso wie der Rücktritt, ein **Gestaltungsrecht**. Der Käufer kann mindern, ist dazu aber nicht verpflichtet. Im alten Recht war die Minderung kein Gestaltungsrecht. Sie bedurfte nach § 465 a.F. eines Vollzugs. Im neuen Recht hingegen wird die Minderung schon im Zeitpunkt des Zugangs der Minderungserklärung beim Verkäufer wirksam.

Die Berechung des neuen, geminderten Preises wird anhand einer Formel vorgenommen, die in § 441 III festgelegt ist:

Neuer Preis	=	**Wert der mangelhaften Sache x Kaufpreis** / **Wert der mangelfreien Sache**

Auch bei der Minderung ist danach zu differenzieren, ob der Mangel behebbar oder unbehebbar ist. Im ersten Fall hat eine Fristsetzung Sinn, da noch nacherfüllt werden kann, im zweiten Fall entfällt die Nacherfüllungsmöglichkeit. Daher kann man sofort mindern.

1. Behebbarer Mangel

Minderung wegen behebbar mangelhafter Kaufsache

Minderung wegen behebbar mangelhafter Kaufsache gemäß §§ 441 III 1, 437 Nr. 2 Alt. 2, 441 I 1

1. Wirksamer Kaufvertrag.
2. Sachmangel (§ 434) oder Rechtsmangel (§ 435) im Zeitpunkt des Gefahrübergangs, §§ 446 S. 1, 447 I.
3. Voraussetzungen des Rücktritts gemäß § 441 I 1, 323 I („statt zurückzutreten"):
   Ernsthafte Fristsetzung und Fristablauf *oder* Entbehrlichkeit
   - aa) Fristsetzung, § 323 I.
   - bb) Entbehrlichkeit der Fristsetzung
     nach § 440 S.1 bei
       - Verweigerung der Nacherfüllung durch den Verkäufer (1.Fall) *oder*
       - Fehlschlagen der Nacherfüllung (2.Fall) *oder*
       - Unzumutbarkeit der Nacherfüllung (3.Fall) *oder*

     nach § 323 II:
       Nr. 1: ernsthafte und endgültige Erfüllungsverweigerung, *oder*
       Nr. 2: Fixgeschäft, *oder*
       Nr. 3: Rechtfertigung aus besonderem Grund
       (Auffangnorm für besonders schwere Pflichtverletzungen).
4. Minderungserklärung, § 441 I 1.
5. Keine Kenntnis des Käufers vom Mangel, § 442.
6. Ausschluss des Minderungsrechts, wenn
   - der Gläubiger für den Umstand, der ihn zur Minderung berechtigen würde, allein oder weit überwiegend verantwortlich ist, § 323 VI Alt. 1, *oder*
   - der vom Schuldner nicht zu vertretende Umstand zu einer Zeit eintritt, zu der der Gläubiger im Annahmeverzug ist, § 323 VI Alt. 2.

Fall 40

Sachverhalt

K kauft bei V einen gebrauchten *Mercedes* mit Heckspoiler zum günstigen Preis von 2 000 Euro. Normalerweise kostet ein solches Auto 2 500 Euro. V liefert das Auto allerdings ohne Heckspoiler, den er abmontiert und an D verkauft hat. Der Wagen ist ohne Spoiler objektiv 2 000 Euro wert. K setzt daraufhin eine Frist zur Montage eines Spoilers, die V verstreichen lässt. K möchte den Wagen zwar behalten, fordert aber „Rabatt" für den fehlenden Heckspoiler.
K fragt Sie, ob und ggf. wie viel Geld er von V zurückverlangen kann?

Lösung

K könnte gegen V einen Anspruch auf Rückzahlung eines Teils des Kaufpreises gemäß §§ 441 IV 1, 346 I, 437 Nr.2 Alt. 2 haben.

1. Dazu müsste zunächst zwischen K und V ein Kaufvertrag gemäß § 433 zustande gekommen sein. Dies ist der Fall.

2. Weitere Voraussetzung des Anspruchs auf Rückgewähr ist das Vorliegen eines Minderungsgrundes. Dieser liegt gemäß § 437 Hs.1 vor, wenn die verkaufte Sache mangelhaft war. Es könnte ein Sachmangel nach § 434 I im Zeitpunkt des Gefahrübergangs vorgelegen haben. Ein Sachmangel ist die für den Käufer nachteilige Abweichung der Ist-Beschaffenheit von der vereinbarten Soll-Beschaffenheit. Indem V ein Auto mit Spoiler verkauft, aber nur ein Auto ohne Spoiler liefert, weicht die Beschaffenheit der Sache vom vereinbarten Soll-Zustand ab. Mithin liegt ein Sachmangel gemäß § 434 I 1 vor. Er bestand auch im Zeitpunkt des Gefahrübergangs, der Übergabe, gemäß § 446 S.1.

3. K müsste V gemäß § 323 I eine Frist gesetzt haben, die abgelaufen ist. K hat eine solche Frist gesetzt. Diese Frist hat V fruchtlos verstreichen lassen.

4. K müsste weiterhin gemäß § 441 I 1 die Minderung erklärt haben. Die Erklärung, er verlange von V „Rabatt", ist als Minderungserklärung auszulegen.

5. Das Minderungsrecht dürfte nicht gemäß § 441 I 1, § 323 VI ausgeschlossen sein. Dafür enthält der Sachverhalt keine Anhaltspunkte.

6. Die Rechtsfolge des Rücktritts ist die Herabsetzung des Kaufpreises gemäß § 441 III 1. Im vorliegenden Fall ergibt sich folgendes: Neuer Preis = Wert der mangelhaften Sache (2 000 Euro) x Kaufpreis (2 000 Euro) geteilt durch den Wert der mangelfreien Sache (2 500 Euro). Dies ergibt einen neuen Preis von 1 600 Euro.

Ergebnis: K hat gegen V einen Anspruch auf Rückzahlung in Höhe von 400 Euro aus §§ 441 IV 1, 346 I, 437 Nr.2 Alt. 2.

2. Unbehebbarer Mangel

Minderung wegen unbehebbar mangelhafter Kaufsache

Minderung wegen unbehebbar mangelhafter Kaufsache gemäß §§ 441 III 1, 437 Nr. 2 Alt. 2, 441 I 1

1. Wirksamer Kaufvertrag.
2. Sachmangel (§ 434) oder Rechtsmangel (§ 435) im Zeitpunkt des Gefahrübergangs, §§ 446 S. 1, 447 I.
3. Voraussetzungen des Rücktritts gemäß § 441 I 1 („statt zurückzutreten"):
   Eine Fristsetzung ist *entbehrlich* gemäß § 326 V, da der Mangel unbehebbar ist, und dadurch der Schuldner gemäß § 275 von der Leistung frei wird.
4. Minderungserklärung, § 441 I 1.
5. Keine Kenntnis des Käufers vom Mangel, § 442.
6. Ausschluss des Minderungsrechts, wenn
   - der Gläubiger für den Umstand, der ihn zur Minderung berechtigen würde, allein oder weit überwiegend verantwortlich ist, § 323 VI Alt. 1, *oder*
   - der vom Schuldner nicht zu vertretende Umstand zu einer Zeit eintritt, zu der der Gläubiger im Annahmeverzug ist, § 323 VI Alt. 2.

Fall 41

Sachverhalt

K kauft bei V den im Verkaufsraum ausgestellten nagelneuen roten Sportwagen für 50 000 Euro. V soll den Wagen am 10.10. mittags liefern. Da V den K zur vereinbarten Zeit nicht antrifft ist, weil dieser bei seiner Nachbarin ein Schwätzchen über europäische Königshäuser hält, fährt er unverrichteter Dinge zurück. Auf der Rückfahrt kollidiert V leicht fahrlässig mit einem anderen Fahrzeug. V repariert den Wagen, der als Unfallfahrzeug allerdings nur noch 40 000 Euro Wert ist. K ist immer noch an dem Sportwagen interessiert, will aber nur 40 000 Euro bezahlen. Kann V den vereinbarten Kaufpreis noch verlangen?

Lösung

V könnte gegen K einen Anspruch auf Zahlung des Kaufpreises in Höhe von 50 000 Euro aus § 433 II haben.

1. Dazu müsste zunächst zwischen K und V ein Kaufvertrag gemäß § 433 zustande gekommen sein. Dies ist der Fall. Folglich ist der Anspruch in Höhe von 50 000 Euro entstanden.

2. Der Anspruch könnte jedoch gemäß § 441 III 1 gemindert sein. Dazu müsste ein Minderungsgrund vorliegen.

3. Dieser könnte in einem Sachmangel im Zeitpunkt des Gefahrübergangs liegen (§ 434 I). Ein Sachmangel ist die für den Käufer nachteilige Abweichung der Ist-Beschaffenheit von der Soll-Beschaffenheit. Indem V nur noch einen Unfallwagen liefern kann, weicht die Beschaffenheit der Sache vom vereinbarten Soll-Zustand (Neuwagen) ab. Mithin liegt ein Sachmangel gemäß § 434 I 1 vor. Dieser Sachmangel müsste auch im Zeitpunkt des Gefahrübergangs bestanden haben. Gemäß § 446 S.1 geht die Gefahr im Zeitpunkt der Übergabe auf den Käufer über. Mangels Anwesenheit des K konnte keine Übergabe stattfinden. Die Gefahr könnte jedoch gemäß § 446 S.3 übergegangen sein. Dazu müsste sich K im Zeitpunkt des Unfalls im Annahmeverzug befunden haben.

Der Gläubiger kommt gemäß § 293 in Verzug, wenn er die ihm angebotene Leistung nicht annimmt. Der Schuldner muss dem Gläubiger ein ordnungsgemäßes Leistungsangebot unterbreitet haben, das dieser abgelehnt hat. § 294 setzt ein tatsächliches Angebot voraus. Dies liegt vor, wenn der Schuldner die ihm obliegenden Handlungen so weit erbringt, dass der Gläubiger nur noch zugreifen muss. Indem V den Wagen zu K fährt, muss dieser nur noch zugreifen. Daher wurde K die Leistung angeboten. Indem K die Leistung nicht angenommen hat, kam er gemäß § 293 in Annahmeverzug. Folglich ist die Gefahr gemäß § 446 S.3 auf K übergegangen. Er trägt gemäß § 446 S.1 nun das Risiko der Verschlechterung. Also liegt kein Mangel im Zeitpunkt des Gefahrübergangs vor.

Ergebnis: V hat gegen K einen Anspruch auf Zahlung in Höhe von 50 000 Euro aus § 433 II.

Anmerkungen

Aufgrund der Gefahrtragungsregeln scheitert die Minderung bereits daran, dass kein Sachmangel vorliegt. Lohnenswert ist allerdings die Überlegung, wie man den Fall gelöst hätte, wenn ein Mangel im Zeitpunkt des Gefahrübergangs vorgelegen hätte.

Die Fristsetzung, die grundsätzlich gemäß § 323 I erforderlich ist, wäre gemäß § 326 V entbehrlich, da der Mangel unbehebbar war. Schließlich handelt es sich um einen Unfallwagen, der nie wieder zum unfallfreien Wagen gemacht werden kann.

Das Minderungsrecht wäre gleichwohl gemäß § 441 I 1, § 323 VI Var. 2 ausgeschlossen. V hätte den Mangel nämlich nicht zu vertreten. Das Vertretenmüssen des V bestimmt sich zwar grundsätzlich nach § 276 I 1 (Vorsatz und jede Fahrlässigkeit). Es gilt vorliegend allerdings die Ausnahmevorschrift des § 300 I, da sich K im Annahmeverzug befindet. Gemäß § 300 I hat ein Schuldner, dessen Gläubiger sich im Annahmeverzug befindet, nur Vorsatz und grobe Fahrlässigkeit zu vertreten. Einen Vorwurf der groben Fahrlässigkeit kann man V nicht machen. Die leichte Fahrlässigkeit hat er wegen des Annahmeverzuges des K nicht zu vertreten. Da V danach den Mangel nicht zu vertreten hat und der Mangel zu einer Zeit aufgetreten ist, zu der sich K im Annahmeverzug befand, wäre das Minderungsrecht nach § 323 VI Var. 2 ausgeschlossen.

V. Der Verbrauchsgüterkauf

Überblick

Besondere Kaufrechtsregeln gelten im Bereich des Verbrauchsgüterkaufs. Der Begriff ist in § 474 I 1 legal definiert: Ein Verbrauchsgüterkauf liegt vor, wenn ein Verbraucher von einem Unternehmer eine bewegliche Sache kauft. Wer Verbraucher ist, kann man in § 13 nachlesen, wer Unternehmer ist, in § 14.
Die Regeln zum Verbrauchsgüterkauf enthalten verbraucherfreundliche Vorschriften. Sie sind gemäß § 475 I zwingendes Recht. Das bedeutet, dass die Vertragspartner nicht vereinbaren können, dass diese Vorschriften nicht gelten sollen. Hierdurch soll ein unabdingbarer Mindestschutz des Verbrauchers gewährleistet werden.
Dieser Schutz wird auf zwei Arten erreicht. Zum einen können gemäß § 475 I 1 bestimmte Vorschriften des Kaufrechts gegenüber einem Verbraucher nicht abbedungen werden. Zum anderen bestehen zusätzliche Rechte, die in § 476 und § 477 normiert sind. Einige wichtige Aspekte sind nachfolgend kurz beschrieben:

<u>Gefahrübergang bei Versendungskauf</u>
Wichtig ist, dass im Rahmen des Verbrauchsgüterkaufs § 447 nicht anwendbar ist. Normalerweise geht die Gefahr bei einem Versendungskauf mit Auslieferung an die Frachtperson auf den Käufer über (§ 447). Dies gilt nicht im Rahmen eines Verbrauchsgüterkaufs. Die Gefahr geht vielmehr erst bei Eintreffen der Sache beim Käufer über (§ 474 II). Das bedeutet, dass der Verbraucher die Kaufsache nicht bezahlen muss, wenn sie auf dem Weg zu ihm zerstört wird (anders das alte Recht, vgl. § 447 I a.F.).

<u>Verjährung</u>
Die gesetzlichen Verjährungsfristen betragen bei neuen Sachen zwei Jahre und bei gebrauchten Sachen ein Jahr. Diese Fristen können nicht durch Vertrag verkürzt oder ganz abbedungen werden (§ 475 II).

<u>Beweislastumkehr</u>
Zeigt sich innerhalb von sechs Monaten seit Gefahrübergang ein Sachmangel, so wird vermutet, dass die Sache bereits bei Gefahrübergang mangelhaft war, es sei denn, diese Vermutung ist mit der Art der Sache oder des Mangels unvereinbar (§ 476).

<u>Sonderbestimmungen für Garantien</u>
Eine Garantieerklärung muss einfach und verständlich abgefasst sein (§ 477 I 1). Sie muss im Rahmen von Verbrauchsgüterkäufen bestimmten Anforderungen genügen.

<u>Recht des Unternehmers: Rückgriff</u>
Unternehmer können bei einem Mangel Rückgriff nehmen auf jenen Unternehmer, der ihnen die Sache verkauft hat (Einzelheiten zum „Verursacherregress“ in §§ 478f.). Damit soll der Einzelhandel geschützt werden.

Fall 42

Sachverhalt

Student K kauft bei Händler V eine neue Stereoanlage für 3 000 Euro, um sie in seiner zukünftigen Wohnung aufzustellen. V hat mit K vereinbart, dass „jegliche Gewährleistungsrechte" ausgeschlossen sind. Bis K eine neue Wohnung gefunden hat, lagert er die Anlage bei seinen Eltern im feuchten Keller. Als er sie nach drei Monaten auspackt und in der neuen Wohnung anschließt, funktioniert sie nicht. Mögliche Gründe sind die Feuchtigkeit im Keller oder ein Fabrikationsfehler des Herstellers. K schickt V die Anlage zurück und will von ihm den Kaufpreis zurückerhalten. V ist weder zur Reparatur oder zur Neulieferung bereit, noch will er K den Kaufpreis zurückerstatten. Verlangt K zu Recht Rückzahlung?

Lösung

Anspruch des K gegen V auf Rückerstattung des Kaufpreises von 3 000 Euro wegen behebbar mangelhafter Kaufsache gemäß §§ 437 Nr. 2 Alt. 1, 323 I, 346 I

K könnte einen Anspruch auf Rückerstattung des Kaufpreises von 3 000 Euro wegen behebbar mangelhafter Kaufsache gemäß §§ 437 Nr. 2 Alt. 1, 323 I, 346 I haben.

1. Dazu müsste zunächst zwischen K und V ein Kaufvertrag gemäß § 433 zustande gekommen sein. Dies ist der Fall.

2. Weitere Voraussetzung des Anspruchs auf Rückgewähr ist das Vorliegen eines Rücktrittsgrundes. Es könnte ein Sachmangel im Zeitpunkt des Gefahrübergangs vorgelegen haben. Ein Sachmangel ist die für den Käufer nachteilige Abweichung der Ist-Beschaffenheit von der vereinbarten Soll-Beschaffenheit (§ 434 I 1). Indem keine besondere Beschaffenheit vereinbart wurde, scheidet ein Mangel i.S.d. § 434 I 1 aus. Es ist jedoch an eine Abweichung von der zum Vertrag vorausgesetzten Verwendung zu denken (§ 434 I 2 Nr.1). Die vertraglich vorausgesetzte Verwendung der Anlage war das Abspielen von Musik. Indem die Anlage keine Musik abspielen kann, liegt ein Mangel gemäß § 434 I 2 Nr.1 vor.

3. Dieser Sachmangel müsste auch im Zeitpunkt des Gefahrübergangs, der Übergabe gemäß § 446 S.1, bestanden haben.

a) Da die Möglichkeit besteht, dass die Feuchtigkeit im Keller erst nach Gefahrübergang die Mangelhaftigkeit der Stereoanlage herbeigeführt hat, ist dies zweifelhaft. Es kann nicht mehr festgestellt werden, ob die Feuchtigkeit oder ein Fabrikationsfehler zur Mangelhaftigkeit geführt haben. Daher kommt es darauf an, wer beweisen muss, dass der Fehler im Zeitpunkt des Gefahrübergangs vorlag. Grundsätzlich muss jeder die ihm günstigen Tatsachen beweisen. Lag der Mangel zum Zeitpunkt des Gefahrübergangs vor, ist dies für K günstig. Ihn trifft also grundsätzlich die Beweislast.

b) Etwas anderes könnte sich aus § 476 ergeben. Danach wird vermutet, dass die Sache bereits bei Gefahrübergang mangelhaft war, wenn sich der Mangel innerhalb von sechs Monaten nach Gefahrübergang zeigt. Daraus folgt, dass im Rahmen des Verbrauchsgüterkaufs der Unternehmer die Vermutung widerlegen muss.

Voraussetzung für § 476 ist das Vorliegen eines Verbrauchsgüterkaufs gemäß § 474 I 1. K, der von V die Stereoanlage, eine bewegliche Sache, erworben hat, müsste Verbraucher sein. Gemäß § 13 ist ein Verbraucher jede natürliche Person, die ein Rechtsgeschäft zu einem Zweck abschließt, der weder ihrer gewerblichen noch ihrer selbständigen beruflichen Tätigkeit zugerechnet werden kann. Diese Beschreibung trifft auf K zu.
Indem V eine natürliche Person ist, die bei Abschluss eines Rechtsgeschäfts in Ausübung ihrer gewerblichen oder selbständigen beruflichen Tätigkeit handelt, ist er Unternehmer im Sinne des § 14 I. Folglich liegt ein Verbrauchsgüterkauf vor. Weiter muss der Mangel innerhalb von sechs Monaten nach Gefahrübergang aufgetreten sein. K hat den Mangel nach drei Monaten entdeckt. Er befindet sich also noch innerhalb der Frist des § 476.
Folglich tritt die Vermutungsregelung des § 476 ein. Es handelt sich um eine widerlegliche Vermutung. V kann die Vermutung jedoch nicht widerlegen. Also wird vermutet, dass der Mangel schon im Zeitpunkt des Gefahrübergangs vorlag.
4. Die Pflichtverletzung ist gemäß § 323 V 2 nicht unerheblich.
5. K müsste V gemäß § 323 I eine Frist gesetzt haben, die abgelaufen ist. K hat eine solche Frist nicht gesetzt. Die Fristsetzung könnte jedoch gemäß § 440 S.1 oder § 323 II entbehrlich gewesen sein. Es könnte § 440 S.1 1.Fall einschlägig sein. Allerdings darf der Verkäufer die gewählte Art der Nacherfüllung gemäß § 439 III 1 nur verweigern, wenn sie mit unverhältnismäßigen Kosten verbunden ist. Dies war nicht der Fall. Also hatte V nicht das Recht, gemäß § 439 III 1 die Nacherfüllung zu verweigern. Die Voraussetzungen für eine Entbehrlichkeit der Fristsetzung gemäß § 440 S. 1 1.Fall liegen nicht vor. Die Fristsetzung könnte jedoch gemäß § 323 II Nr.1 entbehrlich gewesen sein. Dazu müsste der Verkäufer die Leistung ernsthaft und endgültig verweigert haben. V hat die Nacherfüllung insgesamt verweigert. Also ist die Fristsetzung gemäß § 323 II Nr.1 entbehrlich gewesen.
6. K müsste den Rücktritt gemäß § 349 erklärt haben. Indem er zum Ausdruck gebracht hat, er wolle sein Geld zurück, hat er den Rücktritt erklärt (§ 133).
7. Der Rücktritt dürfte nicht gemäß § 323 VI ausgeschlossen sein. Ein vertraglicher Ausschluss durch die Vereinbarung von V und K, dass „jegliche Gewährleistungsrechte" ausgeschlossen sei, ist wegen § 475 I 1 unwirksam.
8. Die Rechtsfolge des Rücktritts ist die Rückgewähr der empfangenen Leistungen. V ist also zur Rückzahlung des Kaufpreises verpflichtet.
9. Dem Anspruch könnte jedoch die Einrede aus §§ 348, 320 I S.1 entgegenstehen. Dann müsste V gegen K einen Anspruch aus dem Schuldverhältnis haben. Gemäß § 346 I hatte V gegen K einen Anspruch auf Rückgewähr der Stereoanlage. Diesen Anspruch hat K durch die Rückgabe bereits erfüllt mit der Folge, dass V die Einrede aus §§ 348, 320 I S.1 nicht zusteht.
Ergebnis: K hat einen Anspruch auf Rückgewähr des Kaufpreises in Höhe von 3 000 Euro gemäß §§ 437 Nr. 2 Alt. 1, 323 I, 346 I.

Ergänzender Hinweis:
***Neue BGH-Rechtsprechung seit November 2008**: V hat keinen (Gegen-)Anspruch auf die verbleibende Bereicherung, § 346 III 2 für die dreimonatige Nutzung.*

5. Kapitel:
Fälle zum Werkvertragsrecht

Überblick

Das Gewährleistungsrecht des Werkvertrages ähnelt sehr stark den Regelungen des Kaufrechts. Im Wesentlichen wird wieder auf die Normen des allgemeinen Leistungsstörungsrechts verwiesen. Bei den Rechtsfolgen ist zu beachten, dass – ähnlich wie im Kaufrecht – die Nacherfüllung vorrangig ist (§ 635). Nacherfüllung kann Mängelbeseitigung oder Neuherstellung bedeuten. Im Gegensatz zum Kaufrecht (§ 439) darf der Besteller nicht wählen, welche Art der Nacherfüllung er begehrt. Dieses **Wahlrecht** steht dem **Werkunternehmer** gemäß § 635 I zu. Das liegt daran, dass der Werkunternehmer die Einzelheiten der Werksherstellung kennt und daher besser beurteilen kann, welche die wirtschaftlichere Art der Nacherfüllung ist.

Wie im Kaufrecht sind bei einem Begehren auf Schadensersatz, Minderung und Rücktritt unterschiedliche Anspruchsgrundlagen einschlägig, je nachdem, ob es sich um einen behebbaren oder unbehebbaren Mangel handelt. Schließlich hat bei Unbehebbarkeit des Mangels ein Recht des Werkunternehmers zur „zweiten Andienung" keinen Sinn.

Dem Besteller steht nach fruchtlosem Fristablauf oder Entbehrlichkeit der Fristsetzung auch das Recht zu, den Mangel selbst zu beseitigen und vom Werkunternehmer Ersatz der dazu erforderlichen Aufwendungen zu verlangen (§ 637 I).

Der **Anwendungsbereich** des Werkvertragsrechts wird durch § 651 im Verhältnis zum überkommenen Recht **erheblich eingeschränkt**. Unter die §§ 631 ff. fallen nur noch die Herstellung von Bauwerken (unbeweglichen Sachen), Reparaturarbeiten sowie die Herstellung unkörperlicher Werke. Ansonsten gilt Kaufrecht.

Mögliche Mängel eines Werkes
§ 633

Sachmangel § 633 II	Rechtsmangel § 633 III

GLEICHE RECHTSFOLGEN: §634

1. Nacherfüllung (§§ 634 Nr.1 i.V.m. 635)
Ausnahmen: Unverhältnismäßig hohe Kosten für den Unternehmer (§ 635 III), Nacherfüllung fehlgeschlagen oder dem Besteller unzumutbar (§ 636), Abnahme trotz Kenntnis, § 640 II.

2. nach fruchtlosem Fristablauf oder entbehrlicher Fristsetzung
verschiedene Möglichkeiten:

Selbstvornahme, Aufwendungs-ersatz nach § 637 (darauf verweist § 634 Nr. 2)	**Rücktritt** nach §§ 323, 326 V (darauf verweist § 634 Nr. 3 Var.1.; beachte § 636)	statt Rücktritt: **Minderung** nach § 638 (darauf verweist § 634 Nr. 3 Var. 2)	und / oder: **Schadensersatz** nach §§ 280, 281, 283, 311a bzw. **Aufwendungsersatz** nach § 284 (darauf verweist § 634 Nr. 4; beachte § 636)

I. Nacherfüllung

Nacherfüllungsanspruch wegen mangelhaften Werks

Nacherfüllung wegen mangelhaften Werks gemäß §§ 635, 634 Nr.1, 633

1. Wirksamer Werkvertrag gemäß § 631.
2. Sachmangel (§ 633 II) oder Rechtsmangel (§ 633 III).
3. Besteller nimmt nicht trotz Kenntnis des Mangels ab, § 640 II.
4. Keine Unmöglichkeit der Nacherfüllung gemäß § 275 II, III.
5. Nacherfüllung ist ausgeschlossen, wenn sie nur mit unverhältnismäßigem Aufwand möglich ist, § 635 III.

   Rechtsfolge: Unternehmer kann wählen, ob er den Mangel beseitigt, § 635 I Alt. 1 oder ein neues Werk herstellt, § 635 I Alt. 2.

Fall 43

Sachverhalt

B bestellt bei Schreiner U für seine fünf Kinder eine fest mit dem Erdboden verbundene Spielhütte. Als U die Hütte aufbaut, steht sie schief und wackelig. B weist U darauf hin, aber U entgegnet, er könne es nicht besser. Er benötige spezielles Werkzeug, das er nicht dabei habe. B solle sich doch mit der schiefen Hütte zufrieden geben. Hat B gegen U einen Anspruch darauf, dass dieser die Hütte gerade aufstellt?

Lösung

Anspruch des B gegen U auf Nachbesserung der Hütte, §§ 634 Nr.1, 635 I, 633

B könnte gegen U Anspruch auf Nacherfüllung aus §§ 634 Nr.1, 635 I, 633 haben.

1. Dazu müsste zwischen beiden ein wirksamer Werkvertrag gemäß § 631 bestehen. Indem B den U beauftragt hat, ihm eine Hütte zu bauen, wurde ein Werkvertrag gemäß § 631 geschlossen.

2. Das Werk müsste mangelhaft gewesen sein. In Betracht kommt ein Sachmangel gemäß § 633 II 1. Dann dürfte das Werk nicht die vereinbarte Beschaffenheit aufweisen. B und U haben nicht besonders vereinbart, dass die Hütte gerade stehen soll. Also scheidet ein Sachmangel gemäß § 633 II 1 aus. Es kommt aber ein Sachmangel gemäß § 633 II 2 Nr.1 in Betracht. Dann dürfte die hergestellte Sache nicht zur vertraglich vorausgesetzten Verwendung geeignet sein.
Eine wackelige, schräg stehende Hütte birgt die Gefahr des Einsturzes. Der nach dem Vertrag vorausgesetzte Gebrauch der Hütte wird durch die fehlende Standfestigkeit beeinträchtigt. Daher besteht ein Sachmangel gemäß § 633 II 2 Nr.1.

3. Indem die Nacherfüllung weiterhin ohne besondere Opfer möglich ist, kommt keine Befreiung gemäß § 275 II in Betracht.

4. Das gleiche gilt für die etwaige Einrede aus § 635 III.

Ergebnis: B hat gegen U einen Anspruch auf Nacherfüllung aus §§ 634 Nr.1, 635 I, 633. U kann wählen, ob er eine neue Hütte baut oder die alte Hütte so repariert, dass sie gerade steht und nicht mehr wackelt.

II. Schadensersatz / Aufwendungsersatz

1. Behebbarer Mangel

Schadensersatz statt der Leistung bei behebbar mangelhaftem Werk

Schadensersatz statt der Leistung bei behebbar mangelhaftem Werk gemäß §§ 634 Nr. 4 Var. 1, 636, 281 I 1 Alt. 2

1. Wirksamer Werkvertrag gemäß § 631.
2. Sachmangel (§ 633 II) oder Rechtsmangel (§ 633 III) liegt vor.
3. Der Schuldner muss den Mangel zu vertreten haben, §§ 280 I 2 i.V.m. 276.
4. Erfolgloses Verstreichen einer Nachfrist, §§ 634 Nr. 4 Var. 1, 281 I 1.
   Die Fristsetzung ist *entbehrlich*
   - bei endgültiger Leistungsverweigerung, §§ 634 Nr. 4 Var. 1, 281 II Var. 1 *oder*
   - bei Vorliegen besonderer Umstände, §§ 634 Nr. 4 Var. 1, 281 II Var. 2 *oder*
   - wenn der Unternehmer Nacherfüllung verweigert, §§ 636 Var.1, 635 III *oder*
   - wenn die Nacherfüllung fehlgeschlagen oder dem Besteller nicht zuzumuten ist, § 636 Var.2, 3.
5. Schaden beim Gläubiger aufgrund des Mangels.
6. Schadensersatz statt der *ganzen* Leistung („unbeschränkter Schadensersatz") kann nur bei erheblicher Pflichtverletzung verlangt werden, § 281 I 3.
   Rechtsfolge: Schadensersatz statt der Leistung.

Aufwendungsersatz statt der Leistung bei behebbar mangelhaftem Werk

Aufwendungsersatz statt der Leistung bei behebbar mangelhaftem Werk gemäß §§ 634 Nr. 4 Var. 1, 636, 281 I 1 Alt. 2 i.V.m. 284

1. Wirksamer Werkvertrag gemäß § 631.
2. Sachmangel (§ 633 II) oder Rechtsmangel (§ 633 III) liegt vor.
3. Der Schuldner muss den Mangel zu vertreten haben, §§ 280 I 2 i.V.m. 276.
4. Erfolgloses Verstreichen einer Nachfrist, §§ 634 Nr. 4 Var. 1, 281 I 1.
   Die Fristsetzung ist *entbehrlich*,

- bei endgültiger Leistungsverweigerung, §§ 634 Nr. 4 Var. 1, 281 II Alt. 1 *oder*
- bei Vorliegen besonderer Umstände, §§ 634 Nr. 4 Var. 1, 281 II Alt. 2 *oder*
- wenn der Unternehmer Nacherfüllung verweigert, §§ 636 Var.1, 635 III *oder*
- wenn die Nacherfüllung fehlgeschlagen oder dem Besteller nicht zuzumuten ist, § 636 Var.2, 3.

5. Der Gläubiger muss Aufwendungen gemacht haben, § 284.
6. Die Aufwendungen müssen im Vertrauen auf den Erhalt der Leistung gemacht worden sein, § 284.
7. Der Gläubiger durfte die Aufwendungen billigerweise machen (normatives Element), § 284.
8. Der Anspruch besteht nicht, wenn die Aufwendungen ihren Zweck auch bei ordnungsgemäßer Leistung verfehlt hätten, § 284 a.E.

Rechtsfolge: Aufwendungsersatz statt der Leistung.

Fall 44

Sachverhalt

P ist Inhaber eines Partyservice, der für die *Baronin von Eckenheim* eine Geburtstagsfeier organisieren soll. Dafür engagiert er den Harfenspieler H, der das Lieblingskonzert der *Baronin* in sanften Harfenklängen erklingen lassen soll. Als er zu spielen anfängt, ertönen ohrenbetäubende Geräusche. H hatte am Wochenende einen Workshop für experimentelle Musik besucht und dort die Harfe völlig verstimmt. Als P den H auffordert, er möge die Harfe stimmen, entgegnete H, er brauche sich nicht so behandeln zu lassen. Obwohl er das Instrument in 10 Minuten stimmen könne, habe er die Lust verloren, weiter zu spielen. P kann dadurch von der *Baronin* für die Party nur einen geringeren Geldbetrag als den vereinbarten Betrag verlangen. Den entgangenen Gewinn verlangt P nun von H ersetzt. Zu Recht ?

Lösung

Anspruch des P gegen H auf Schadensersatz statt der Leistung bei behebbar mangelhaftem Werk gemäß §§ 634 Nr. 4 Var. 1, 281 I 1 Alt. 2

P könnte gegen H einen Anspruch auf Schadensersatz statt der Leistung bei behebbar mangelhaftem Werk in Höhe des entgangenen Gewinns gemäß §§ 634 Nr. 4 Var. 1, 281 I 1 Alt. 2 haben.

1. Dazu müsste zwischen beiden ein wirksamer Werkvertrag gemäß § 631 bestehen. Indem P den H engagiert hat, bei der Geburtstagsfeier der *Baronin von Eckenheim* ein spezielles Harfenkonzert zur Aufführung zu bringen, wurde ein Werkvertrag gemäß § 631 geschlossen.

2. Das Werk müsste mangelhaft gewesen sein. In Betracht kommt ein Sachmangel gemäß § 633 II 1. Dann dürfte das Werk nicht die vereinbarte Beschaffenheit aufweisen. P und H haben vereinbart, dass H ein bestimmtes Harfenkonzert in sanften Harfenklängen ertönen lässt. Stattdessen entlockt H dem Instrument ohrenbetäubenden Lärm. Das Werk weicht somit von der vereinbarten Beschaffenheit ab. Also liegt ein Sachmangel gemäß § 633 II 1 vor.

3. Die Voraussetzungen des Schadenersatzes richten sich nach § 634 Nr. 4. Dabei ist nun für das Auffinden der einschlägigen Norm (§§ 281 oder 283 oder 311 a) danach zu differenzieren, ob der Mangel behebbar, nachträglich unbehebbar oder anfänglich unbehebbar war.

H war in der Lage, die Harfe zu stimmen. Der vorliegende Mangel war also behebbar. Daher ist die Regelung der §§ 281 I 1 Alt. 2 i.V.m. 280 einschlägig.

4. Gemäß §§ 280 I 2 i.V.m. 276 muss H den Mangel zu vertreten haben. Vertretenmüssen umfasst Vorsatz und Fahrlässigkeit (§ 276 I 1). Fahrlässig handelt, wer die im Verkehr erforderliche Sorgfalt außer Acht lässt, § 276 II. Indem H zumindest versehentlich vergessen hat, die Harfe vor dem Auftritt zu stimmen, hat er die im Verkehr erforderliche Sorgfalt nicht beobachtet. Er handelte mithin mindestens fahrlässig und hat daher den Mangel zu vertreten.

5. Gemäß §§ 634 Nr. 4 Var. 1, 281 I 1 müsste P dem H grundsätzlich erfolglos eine Nachfrist gesetzt haben.

a) Dies ist nicht geschehen.

b) Die Fristsetzung könnte allerdings gemäß §§ 636 1.Fall, 635 III entbehrlich gewesen sein. Dann müsste H die Leistung zu Recht verweigert haben, weil sie mit unverhältnismäßigen Kosten verbunden war. H hätte die Harfe ohne großen Aufwand stimmen können. § 635 III ist also nicht einschlägig. Daher war die Fristsetzung nicht gemäß §§ 636 1.Fall, 635 III entbehrlich.

c) P könnte jedoch von der Fristsetzung gemäß § 281 II Alt. 1 befreit sein. Dann müsste er die Leistung ernsthaft und endgültig verweigert haben. Indem H deutlich machte, dass er nicht mehr auftreten werde, hat er die Leistung verweigert. Folglich war die Fristsetzung gemäß § 281 II Alt. 1 entbehrlich.

5. Durch die Pflichtverletzung muss ein Schaden beim Gläubiger entstanden sein (§ 281 I 1 i.V.m. § 280 I 1). Gemäß § 252 fällt unter den Schaden auch der entgangene Gewinn. Indem die *Baronin von Eckenheim* für die Geburtstagsparty nur weniger zu zahlen bereit ist, ist P Gewinn entgangen.

Ergebnis: P hat gegen H einen Anspruch auf Schadensersatz statt der Leistung bei behebbar mangelhaftem Werk in Höhe des entgangenen Gewinns gemäß §§ 634 Nr. 4 Var. 1, 281 I 1 Alt. 2.

2. Anfänglich unbehebbarer Mangel

Schadensersatz statt der Leistung bei anfänglich unbehebbar mangelhaftem Werk

Schadensersatz statt der Leistung bei anfänglich unbehebbar mangelhaftem Werk gemäß §§ 634 Nr. 4 Var. 1, 636, 311 a II 1

1. Wirksamer Werkvertrag gemäß § 631.
2. Sachmangel (§ 633 II) oder Rechtsmangel (§ 633 III) liegt vor.
3. Mangel ist unbehebbar und lag schon bei Vertragsschluss vor, § 311 a I.
4. Kenntnis oder zu vertretende Unkenntnis vom anfänglichen Mangel, § 311 a II 2.
5. Schaden beim Gläubiger aufgrund des Mangels.
6. Schadensersatz statt der *ganzen* Leistung („unbeschränkter Schadensersatz“) kann nur bei erheblicher Pflichtverletzung verlangt werden, §§ 311 a II 3 i.V.m. 281 I 3.

Rechtsfolge: Schadensersatz statt der Leistung.

Aufwendungsersatz statt der Leistung bei anfänglich unbehebbar mangelhaftem Werk

Aufwendungsersatz statt der Leistung bei anfänglich unbehebbar mangelhaftem Werk gemäß §§ 634 Nr. 4 Var. 1, 636, 311 a II 1 i.V.m. 284

1. Bestehen eines Werkvertrages gemäß § 631.
2. Sachmangel (§ 633 II) oder Rechtsmangel (§ 633 III) liegt vor.
3. Mangel ist unbehebbar und lag schon bei Vertragsschluss vor, § 311 a I.
4. Kenntnis oder zu vertretende Unkenntnis vom anfänglichen Mangel, § 311 a II 2.
5. Der Gläubiger muss Aufwendungen gemacht haben, § 284.
6. Die Aufwendungen müssen im Vertrauen auf den Erhalt der Leistung gemacht worden sein, § 284.
7. Der Gläubiger durfte die Aufwendungen billigerweise machen (normatives Element), § 284.
8. Der Anspruch besteht nicht, wenn die Aufwendungen ihren Zweck auch bei ordnungsgemäßer Leistung verfehlt hätten, § 284 a.E.

Rechtsfolge: Aufwendungsersatz statt der Leistung.

Fall 45

Sachverhalt

B fragt bei dem professionellen Softwareentwickler U an, ob dieser ihm eine Maschine herstellen kann, die im Bereich der Haushaltstechnik völlig neu ist, und mit der er an einem Neuheiten-Wettbewerb teilnehmen kann. Jede Neuheit wird mit 45 000 Euro belohnt. U entwickelt ein Computerprogramm für einen Roboter, der den Tisch eigenständig deckt und auch die Geschirrspülmaschine einräumen und ausräumen kann. U versichert ihm, dass das ganz neu sei: B ist entzückt und zahlt dem U sofort 30 000 Euro für das Programm. Als B das Programm auf dem Wettbewerb vorstellen und dort verkaufen will, wird ihm dies von D verboten, der ein solches Programm vorher erfunden hatte und Inhaber eines Patents ist. D hatte sich vertraglich gegenüber verschiedenen Geschäftspartnern verpflichtet, keine Lizenzen für das Patent zu vergeben und es auch nicht zu veräußern.
B, der nun keine 45 000 Euro erhält, verlangt diese von U. Zu Recht?

Lösung

Anspruch des B gegen U auf Schadensersatz statt der Leistung bei anfänglich unbehebbar mangelhaftem Werk in Höhe von 45 000 Euro aus §§ 634 Nr. 4 Var. 1, 636, 311 a II 1

B könnte gegen U einen Anspruch auf Schadensersatz statt der Leistung bei anfänglich unbehebbar mangelhaftem Werk in Höhe von 45 000 Euro aus §§ 634 Nr. 4 Var. 1, 636, 311 a II 1 haben.

1. Dazu müsste zwischen beiden ein wirksamer Werkvertrag gemäß § 631 bestehen. Indem B den U gebeten hat, eine Neuheit zu entwickeln und sich U damit einverstanden erklärte, könnte ein Vertrag zustande gekommen sein. Fraglich ist jedoch, ob der Inhalt genügend bestimmt war.
Indem die Merkmale des Werks als Neuheit im Bereich der Haushaltstechnik umschrieben worden sind, wurde eine hinreichende Charakterisierung vorgenommen (a. A. vertretbar. Dann ist jedoch später ein Vertrag zustande gekommen). Also wurde ein Werkvertrag gemäß § 631 geschlossen.

2. Das Werk müsste mangelhaft gewesen sein. Mangels Beeinträchtigung der Beschaffenheit liegt kein Sachmangel i.S.d. § 633 II vor. Das Werk könnte jedoch mit einem Rechtsmangel gemäß § 633 III behaftet sein. Dies ist der Fall, wenn Dritte in Bezug auf das Werk Rechte geltend machen können, die nicht im Vertrag vorgesehen waren. Wettbewerber D kann U Verwendung, Veräußerung usw. des Programms aufgrund seines Patentrechts verbieten. Dies ist ein Recht eines Dritten. Das Werk war also rechtsmangelhaft gemäß § 633 III.

3. Die Voraussetzungen des Schadenersatzes richten sich nach § 634 Nr.4. Für das Auffinden der einschlägigen Norm (§§ 281 oder 283 oder 311 a) ist danach zu

differenzieren, ob der Mangel behebbar, nachträglich unbehebbar oder anfänglich unbehebbar war.
Es könnte ein anfänglich unbehebbarer Mangel vorliegen. Das Recht des D lag schon im Zeitpunkt des Vertragsschlusses vor. Indem D sich gebunden hat, keine Lizenzen zu erteilen und auch das Patent nicht zu veräußern, hatte U keine Möglichkeit, dem B ein rechtsmangelfreies Computerprogramm zu verschaffen. Daher liegt ein anfänglich unbehebbarer Mangel vor. Daher ist die Regelung der § 634 Nr.4 i.V.m. 311 a II 1 einschlägig.

4. Gemäß § 311 a II 2 muss der Schuldner den Mangel zu vertreten haben. Dies ist der Fall, wenn er den Mangel nicht kannte und seine Unkenntnis auch nicht zu vertreten hatte. Vertretenmüssen umfasst Vorsatz und Fahrlässigkeit (§ 276 I 1). Fahrlässig handelt, wer die im Verkehr erforderliche Sorgfalt außer Acht lässt. Indem U sich als professioneller Software-Entwickler erkundigen musste, ob ein Programm dieser Art bereits patentiert ist, hat er die im Verkehr erforderliche Sorgfalt nicht beobachtet. Er handelte mithin mindestens fahrlässig und hat daher seine Unkenntnis zu vertreten.

5. Durch die Pflichtverletzung muss ein Schaden entstanden sein. Gemäß § 252 fällt unter den Schaden auch der entgangene Gewinn. B hat keine Neuheitenprämie in Höhe von 45 000 Euro erhalten. Dadurch ist ihm ein Gewinn entgangen. Diesen verlangt B also zu Recht von U ersetzt.

Ergebnis: B hat gegen U einen Anspruch auf Schadensersatz statt der Leistung bei anfänglich unbehebbar mangelhaftem Werk in Höhe des entgangenen Gewinns von 45 000 Euro gemäß §§ 634 Nr. 4 Var. 1, 636, 311 a II 1.

3. Nachträglich unbehebbarer Mangel

Schadensersatz statt der Leistung bei nachträglich unbehebbar mangelhaftem Werk

Schadensersatz statt der Leistung wegen nachträglich unbehebbar mangelhaftem Werk gemäß §§ 634 Nr. 4 Var. 1, 636, 283, 280 I

1. Wirksamer Werkvertrag gemäß § 631.
2. Sachmangel (§ 633 II) oder Rechtsmangel (§ 633 III) liegt vor.
3. Mangel ist unbehebbar (abzuleiten aus §§ 283 i.V.m. 275).
4. Werkunternehmer hat die Mangelhaftigkeit zu vertreten, §§ 280 I i.V.m. 276.
5. Besteller nimmt nicht trotz Kenntnis des Mangels ab, § 640 II.
6. Schaden beim Gläubiger aufgrund des Mangels.
7. Schadensersatz statt der *ganzen* Leistung („unbeschränkter Schadensersatz") kann nur bei erheblicher Pflichtverletzung verlangt werden, §§ 283 S.2, 281 I 3.

Rechtsfolge: Schadensersatz statt der Leistung.

Aufwendungsersatz statt der Leistung bei nachträglich unbehebbar mangelhaftem Werk

Aufwendungsersatz statt der Leistung wegen nachträglich unbehebbar mangelhaftem Werk gemäß §§ 634 Nr. 4 Var. 1, 636, 283, 280 I i.V.m. 284

1. Wirksamer Werkvertrag gemäß § 631.
2. Sachmangel (§ 633 II) oder Rechtsmangel (§ 633 III) liegt vor.
3. Mangel ist unbehebbar, abzuleiten aus §§ 283 i.V.m. 275.
4. Werkunternehmer hat die Mangelhaftigkeit zu vertreten, §§ 280 I i.V.m. 276.
5. Der Gläubiger muss Aufwendungen gemacht haben, § 284.
6. Die Aufwendungen müssen im Vertrauen auf den Erhalt der Leistung gemacht worden sein, § 284.
7. Der Gläubiger durfte die Aufwendungen billigerweise machen (normatives Element), § 284.
8. Der Anspruch besteht nicht, wenn die Aufwendungen ihren Zweck auch bei ordnungsgemäßer Leistung verfehlt hätten, § 284 a.E.

Rechtsfolge: Aufwendungsersatz statt der Leistung.

Fall 46

Sachverhalt

Kunstliebhaber K kommt mit einer barocken Kommode zu Restaurator R und bittet ihn, die oberste Schublade des Möbelstücks zu restaurieren. Als R sich an die Arbeit macht, schnitzt er versehentlich eine Kerbe in die Schublade. Dieser Fehler kann nicht rückgängig gemacht werden. Es tritt eine Wertminderung in Höhe von 800 Euro ein. K, der nun an der Restaurierung kein Interesse mehr hat, verlangt diesen Betrag von R ersetzt. Zu Recht?

Lösung

I. Anspruch auf Schadensersatz statt der Leistung wegen nachträglich unbehebbar mangelhaftem Werk gemäß §§ 634 Nr. 4 Var. 1, 636, 283, 280 I

K könnte gegen R einen Anspruch auf Schadensersatz statt der Leistung wegen nachträglich unbehebbar mangelhaftem Werk in Höhe von 800 Euro gemäß §§ 634 Nr. 4 Var. 1, 636, 283, 280 I haben.

1. Dazu müsste zwischen beiden ein Werkvertrag gemäß § 631 bestehen. K und R waren sich einig, dass R die Schublade gegen Entgelt restaurieren sollte, also einen Erfolg schuldete. Daher liegt ein Werkvertrag vor.

2. Das Werk müsste einen Sachmangel (§ 633 II) aufweisen. In Betracht kommt eine Abweichung von der vereinbarten Beschaffenheit gemäß § 633 II 1. K und R haben vereinbart, dass R die Schublade restauriert und K in tadellosem Zustand liefert. Eine eingekerbte Schublade weicht von der vereinbarten Beschaffenheit ab und stellt daher einen Sachmangel dar.

3. Die Voraussetzungen des Schadenersatzes richten sich nach § 634 Nr. 4. Dabei ist nun für das Auffinden der einschlägigen Norm (§§ 281 oder 283 oder 311 a) danach zu differenzieren, ob der Mangel behebbar, nachträglich unbehebbar oder anfänglich unbehebbar war.
Indem die Schublade unbehebbar eingekerbt ist, kann niemand mehr die vereinbarte Werkleistung erbringen. Es handelt sich also um einen unbehebbaren Mangel. Dieser Mangel war erst nach Vertragsschluss unbehebbar. Daher liegt ein nachträglich unbehebbarer Mangel vor, und die weiteren Voraussetzungen eines Schadensersatzanspruchs richten sich nach § 283 i.V.m. § 280 I.

4. Gemäß §§ 280 I 2 i.V.m. 276 muss der Schuldner den Mangel zu vertreten haben. Vertretenmüssen umfasst Vorsatz und Fahrlässigkeit (§ 276 I 1). Fahrlässig handelt, wer die im Verkehr erforderliche Sorgfalt außer Acht lässt (§ 276 II). Indem R versehentlich die Schublade eingekerbt hat, hat er die im Verkehr erforderliche Sorgfalt nicht beobachtet. Er handelte mithin fahrlässig. Also hat er den Mangel zu vertreten.

5. Durch die Pflichtverletzung muss ein Schaden beim Gläubiger entstanden sein (§ 283 S. 1 i.V.m. § 280 I 1). Indem die Schublade im Wert von 800 Euro zerstört wurde, liegt ein Schaden in dieser Höhe vor.

Ergebnis: K hat gegen R einen Anspruch auf Schadensersatz statt der Leistung wegen nachträglich unbehebbar mangelhaftem Werk in Höhe von 800 Euro gemäß §§ 634 Nr. 4 Var. 1, 636, 283, 280 I.

II. Anspruch auf Schadensersatz gemäß § 823 I

K könnte gegen R einen Anspruch auf Schadensersatz in Höhe von 800 Euro gemäß § 823 I haben.
1. Dazu müsste ein absolutes Recht des K verletzt worden sein. In Betracht kommt das Eigentum. Indem die Schublade beschädigt worden ist, wurde in das Eigentumsrecht des K eingegriffen.
2. Diese Rechtsgutsverletzung müsste auf einer Handlung des R beruhen. R hat die Schublade eingekerbt und somit die Eigentumsverletzung des K herbeigeführt.
3. R müsste die Verletzung zu vertreten haben. Dies ist der Fall (s.o. unter I.4.).
4. K müsste ein Schaden entstanden sein, der auf der Pflichtverletzung beruht. Durch die Beschädigung der Kommode ist ein Schaden in Höhe von 800 Euro entstanden.

Ergebnis: K hat gegen R einen Anspruch auf Schadensersatz in Höhe von 800 Euro gemäß § 823 I.

4. Mangelfolgeschaden

Schadensersatz neben der Leistung bei Mangelfolgeschaden aufgrund eines mangelhaften Werks

Schadensersatz neben der Leistung bei Mangelfolgeschaden aufgrund eines mangelhaften Werks gemäß §§ 634 Nr. 4 Var. 1, 280 I

1. Wirksamer Werkvertrag gemäß § 631.
2. Sachmangel (§ 633 II) oder Rechtsmangel (§ 633 III) liegt vor.
3. Unternehmer hat die Mangelhaftigkeit zu vertreten, §§ 280 I i.V.m. 276.
4. Schaden beim Gläubiger aufgrund des Mangels.

Rechtsfolge: Schadensersatz neben der Leistung.

Fall 47

Sachverhalt

B hält zuhause Krokodile in einem großen Käfig. Da die Tiere öfter mit dem Schwanz gegen die Käfigwand schlagen, hat B Angst, der Käfig könne eines Tages zusammenbrechen. Er beauftragt U, den Käfig so zu verstärken, dass ein Ausbrechen der Tiere von innen unmöglich ist. U baut den Käfig um, vergisst jedoch, eine Seite zu verstärken. Die Krokodile treiben weiter ihr Unwesen und schlagen 3 Tage später ein Loch in den Käfig und brechen aus. Sie verwüsten aus Rache wegen ihrer langjährigen Internierung die Wohnung des B und setzen sich auf dem Seeweg in ihre Heimat, den Amazonas, ab. B will U wegen der Verwüstung der Wohnung (2 000 Euro) und des Verlustes der Krokodile (15 000 Euro) in Anspruch nehmen. Darüber hinaus verlangt er, als U eine Ausbesserung des Käfigs verweigert, 500 Euro, die er aufwenden muss, um das Loch im Käfig schließen zu lassen. Zu Recht ?

Lösung

I. Anspruch auf Schadensersatz statt der Leistung bei behebbar mangelhaftem Werk gemäß §§ 634 Nr. 4 Var. 1, 281 I 1 Alt. 2

B könnte gegen U einen Anspruch auf Schadensersatz statt der Leistung bei behebbar mangelhaftem Werk gemäß §§ 634 Nr. 4 Var. 1, 281 I 1 Alt. 2 haben.

1. Dazu müsste zwischen beiden ein wirksamer Werkvertrag gemäß § 631 bestehen. Indem B den U beauftragt hat, den Käfig ausbruchsicher zu machen, wurde ein Werkvertrag gemäß § 631 geschlossen.

2. Das Werk müsste mangelhaft gewesen sein. In Betracht kommt ein Sachmangel gemäß § 633 II 1. Dann dürfte das Werk nicht die vereinbarte Beschaffenheit aufweisen. B und U haben die Ausbruchsicherheit vereinbart. Der Käfig war aber nicht ausbruchsicher. Also liegt ein Sachmangel gemäß § 633 II 1 vor.

3. Die Voraussetzungen des Schadenersatzes richten sich nach § 634 Nr. 4. Dabei ist nun für das Auffinden der einschlägigen Norm (§§ 281 oder 283 oder 311 a) danach zu differenzieren, ob der Mangel behebbar, nachträglich unbehebbar oder anfänglich unbehebbar war.

U kann den Käfig noch ausbessern. Der vorliegende Mangel war also behebbar. Daher ist die Regelung der §§ 281 I 1 Alt. 2 i.V.m. 280 einschlägig.

4. Gemäß §§ 280 I 2 i.V.m. 276 muss der Schuldner den Mangel zu vertreten haben. Vertretenmüssen umfasst Vorsatz und Fahrlässigkeit (§ 276 I 1). Fahrlässig handelt, wer die im Verkehr erforderliche Sorgfalt außer Acht lässt (§ 276 II). Indem U versehentlich eine Seite beim Anbringen von Verstärkungen vergisst, hat er die im Verkehr erforderliche Sorgfalt nicht beobachtet. Er handelte mithin fahrlässig und hat daher den Mangel zu vertreten.

5. Gemäß §§ 634 Nr. 4 Var. 1, 281 I 1 müsste B dem U grundsätzlich erfolglos eine Nachfrist gesetzt haben. Die Fristsetzung könnte allerdings gemäß §§ 634 Nr. 4 Var. 1, 281 II Var. 1 entbehrlich gewesen sein. Dann müsste der Werkunternehmer die Leistung ernsthaft und endgültig verweigert haben. Dies hat U getan. Folglich war die Fristsetzung gemäß § 281 II Var. 1 entbehrlich.

6. Durch die Pflichtverletzung muss ein Schaden beim Gläubiger entstanden sein (§ 281 I 1 i.V.m. § 280 I 1). B muss das Loch im Käfig schließen lassen und dafür 500 Euro aufwenden. Diesen Schaden kann er von U ersetzt verlangen. Fraglich ist, ob er auch die restlichen 17 000 Euro fordern kann.

Die Anspruchsgrundlage der §§ 634 Nr. 4 Var. 1, 281 I 1 Var. 2 umfasst nur den Mangelschaden. Vorliegend verlangt B die Kosten für die Beschaffung neuer Alligatoren und für die Erneuerung seiner Einrichtung. Beides sind Schäden, die nicht am Werk aufgetreten sind. Es handelt sich also um Mangelfolgeschäden, die nicht im Rahmen der §§ 634 Nr. 4 Var. 1, 281 I 1 ersatzfähig sind.

Ergebnis: B hat gegen U einen Anspruch auf Schadensersatz statt der Leistung bei behebbar mangelhaftem Werk in Höhe von 500 Euro gemäß §§ 634 Nr. 4 Var. 1, 281 I 1 Alt. 2.

II. Anspruch auf Schadensersatz neben der Leistung bei Mangelfolgeschaden aufgrund eines mangelhaften Werks gemäß §§ 634 Nr. 4 Var. 1, 280 I

B könnte gegen U einen Anspruch auf Schadensersatz neben der Leistung bei Mangelfolgeschaden aufgrund eines mangelhaften Werks in Höhe von 17 000 Euro gemäß §§ 634 Nr. 4 Var. 1, 280 I haben.

1. Ein Werkvertrag nach § 631 wurde geschlossen (s.o. unter I.1).

2. Das Werk war mit einem Sachmangel behaftet (s.o. unter I.2),

3. U hatte den Mangel auch zu vertreten (s.o. unter I.4)

4. Es muss ein Schaden aufgetreten sein, der außerhalb des Werks liegt. Die Kosten für die Erneuerung der Einrichtung (2 000 Euro) und die Beschaffung neuer Krokodile (15 000 Euro) sind Mangelfolgeschäden.

5. Die Mangelfolgeschäden müssen auf der Mangelhaftigkeit des Werks beruhen. Indem die Krokodile nur ausbrechen konnten, weil U es versäumt hat, den Käfig fachgerecht zu verstärken, war der Mangel kausal für die Schäden.

Ergebnis: B hat gegen U einen Anspruch auf Schadensersatz neben der Leistung bei Mangelfolgeschaden aufgrund eines mangelhaften Werks in Höhe von 17 000 Euro gemäß §§ 634 Nr. 4 Var. 1, 280 I.

Anmerkung

In diesem Fall bestanden Mangelschaden und Mangelfolgeschaden nebeneinander. Neben der Forderung des Schadenersatzes hätte B auch noch zurücktreten und den Werklohn zurückverlangen können. Nach diesem Recht war jedoch nicht gefragt.

III. Aufwendungsersatz bei Selbstvornahme

Aufwendungsersatz bei Selbstvornahme

Anspruch auf Ersatz der Aufwendungen für die Selbstvornahme gemäß §§ 634 Nr. 2 Var.1, 637

1. Wirksamer Werkvertrag gemäß § 631.
2. Sachmangel (§ 633 II) oder Rechtsmangel (§ 633 III) liegt vor.
3. Erfolgloses Verstreichen einer Nachfrist, § 637.
   Die Fristsetzung ist *entbehrlich*,
   - bei ernsthafter und endgültiger Erfüllungsverweigerung, § 637 II 1, 323 II Nr. 1
   - bei einem Fixgeschäft, §§ 637 II 1, 323 II Nr. 2 *oder*
   - bei einer Rechtfertigung aus besonderem Grund, §§ 637 II 1, 323 II Nr. 3 *oder*
   - wenn die Nacherfüllung fehlgeschlagen oder dem Besteller nicht zuzumuten ist, § 637 II 2.
4. Unternehmer darf Nacherfüllung nicht mit Recht verweigern, § 637 I a.E.
5. Besteller muss Aufwendungen zur Mangelbeseitigung gemacht haben.
6. Aufwendungen müssen erforderlich sein (Verhältnismäßigkeitsprinzip).

Rechtsfolge: Aufwendungsersatz.

Fall 48

<u>Sachverhalt</u>

Zauberkünstler „*Macrian*" (Z) benötigt einen Bühnenhintergrund für seine neue Bühnenshow. Er besitzt einen alten Hintergrund, den U, Spezialist für Bühnenrequisiten, teilweise übermalen soll, so dass er in die neue Show passt. Z spricht die Details mit U ab, und beide einigen sich, dass der Bühnenhintergrund am 1. Oktober, neun Tage vor der Premiere der Show am 10. Oktober, fertig gestellt sein soll. Z zahlt sofort. U führt etwa 50% der Malerarbeiten aus und vergisst den Auftrag dann. Als sich Z am 1. Oktober nach dem Verbleib des Hintergrunds erkundigt, fällt U der Auftrag wieder ein. Er liefert das halbfertige Werk und bringt vor, er könne den Hintergrund nicht mehr fertig stellen, da er in den Urlaub fahre. Z sucht daraufhin D auf, der ihm den Hintergrund rechtzeitig zu Ende fertigt. Z verlangt den Lohn des D von U ersetzt. Zu Recht ?

Lösung

Anspruch auf Ersatz der Aufwendungen für die Selbstvornahme gemäß §§ 634 Nr. 2, 637 I.

Z könnte gegen U einen Anspruch auf Ersatz der Aufwendungen für die Selbstvornahme gemäß §§ 634 Nr. 2, 637 I haben.

1. Dazu müsste zwischen beiden ein Werkvertrag gemäß § 631 bestehen. Z und U waren sich einig, dass U gegen Entgelt einen Bühnenhintergrund für die neue Show des Z teilweise übermalen soll. U schuldete also einen Erfolg. Daher liegt ein Werkvertrag vor.

2. Das Werk müsste einen Sachmangel (§ 633 II) aufweisen. In Betracht kommt eine Abweichung von der vereinbarten Beschaffenheit gemäß § 633 II 1. Z und U haben vereinbart, dass U den Bühnenhintergrund übermalt. Der gelieferte Hintergrund war erst zur Hälfte fertig gestellt und wich daher von der vereinbarten Beschaffenheit ab. Der Bühnenhintergrund war folglich gemäß § 633 II mit einem Sachmangel behaftet.

3. Gemäß § 637 müsste Z dem U eine Nachfrist gesetzt haben, die fruchtlos verstrichen ist. Z hat dem U keine Frist gesetzt. Die Fristsetzung könnte allerdings gemäß §§ 637 II 1, 323 II Nr.1 entbehrlich gewesen sein. Dazu müsste U die Erfüllung ernsthaft und endgültig verweigert haben. U hat Z mitgeteilt, er werde in den Urlaub fahren und das Werk nicht fertig stellen. Damit hat er die Erfüllung endgültig und ernsthaft verweigert. Folglich war die Fristsetzung gemäß §§ 637 II 1, 323 II Nr.1 entbehrlich.

4. Gemäß § 637 muss der Besteller Aufwendungen zur Mangelbeseitigung gemacht haben. Aufwendungen sind freiwillige Vermögensopfer. Indem Z den D dafür bezahlt hat, das Bühnenbild zu übermalen, hat er Aufwendungen getätigt.

5. Die Aufwendungen müssen erforderlich gewesen sein (§§ 634 Nr.2, 637 I). Um das Bühnenbild noch rechtzeitig fertig zu stellen war die Beauftragung des D das mildeste Mittel. Z hat also keine Aufwendungen gemacht, die außer Verhältnis zum Zweck gestanden haben.

Ergebnis: Z hat gegen U einen Anspruch auf Ersatz der Aufwendungen gemäß §§ 634 Nr. 2, 637.

IV. Rücktritt

1. Behebbarer Mangel

Rücktrittsvoraussetzungen bei behebbar mangelhaftem Werk

Rücktrittsvoraussetzungen bei behebbar mangelhaftem Werk gemäß §§ 346 I, 634 Nr. 3 Var. 1, 636

1. Wirksamer Werkvertrag gemäß § 631.
2. Sachmangel (§ 633 II) oder Rechtsmangel (§ 633 III) liegt vor.
3. Erheblichkeit des Mangels, § 323 V 2.
4. Erfolgloses Verstreichen einer Nachfrist, §§ 634 Nr. 3 Var. 1, 323 I.
   Die Fristsetzung ist *entbehrlich*,
   - bei ernsthafter und endgültiger Erfüllungsverweigerung, §§ 634 Nr. 3 Var. 1, 323 II Nr. 1 *oder*
   - bei einem relativen Fixgeschäft, §§ 634 Nr. 3 Var. 1, 323 II Nr. 2 *oder*
   - bei einer Rechtfertigung aus besonderem Grund, §§ 634 Nr. 3 Var. 1, 323 II Nr. 3 *oder*
   - wenn der Unternehmer die Nacherfüllung verweigert, §§ 636 Var.1, 635 III *oder*
   - wenn die Nacherfüllung fehlgeschlagen oder dem Besteller nicht zuzumuten ist, § 636 Var.2, 3.
5. Erklärung des Rücktritts, § 349.
6. Besteller nimmt nicht trotz Kenntnis des Mangels ab, § 640 II.
7. Der Rücktritt ist ausgeschlossen, wenn
   - der Gläubiger für den Umstand, der ihn zum Rücktritt berechtigen würde, allein oder weit überwiegend verantwortlich ist, § 323 VI Alt. 1, *oder*
   - der vom Schuldner nicht zu vertretende Umstand zu einer Zeit eintritt, zu der der Gläubiger im Annahmeverzug ist, § 323 VI Alt. 2.

Fall 49

Sachverhalt

Computerspielfanatiker J will sich einen langersehnten Traum erfüllen: Ein Computerspiel mit sich selbst in der Hauptrolle. Er bittet den Programmierer P, ihm ein solches Spiel mit dem Titel *„Jens' Revenge“* zu programmieren. J zahlt den vereinbarten Lohn von 1 000 Euro sofort in bar. Als P drei Monate später das Spiel vorführen will, stürzt es nach 30 Sekunden infolge eines Programmierfehlers ab. J bittet P, den Fehler zu beheben. Auch nach drei weiteren Versuchen kann P den Fehler nicht beheben. J verlangt sein Geld zurück. Zu Recht ?

<u>Lösung</u>

Anspruch des J gegen P auf Rückgewähr des Werklohns aus §§ 346 I, 634 Nr. 3 Alt. 1

J könnte einen Anspruch gegen P auf Rückgewähr des Werklohns aus §§ 346 I, 634 Nr. 3 Alt. 1 haben.

1. Dazu müsste zwischen beiden ein Werkvertrag gemäß § 631 bestehen. J und P waren sich einig, dass P gegen Entgelt ein Computerspiel programmiert. P schuldete also einen Erfolg. Daher liegt ein Werkvertrag vor.

2. Das Werk müsste einen Sachmangel (§ 633 II) aufweisen. In Betracht kommt eine Abweichung von der vereinbarten Beschaffenheit gemäß § 633 II 1. J und P haben vereinbart, dass P ein funktionsfähiges Computerspiel programmiert. Indem das Computerspiel mit einem Programmierfehler behaftet ist, weicht es von der vereinbarten Beschaffenheit ab. Das Werk war daher mit einem Sachmangel behaftet.

3. Aufgrund der Tatsache, dass das Computerspiel nicht funktioniert, kommt auch kein Ausschluss des Rücktrittsrechts gemäß § 323 V 2 wegen Unerheblichkeit der Pflichtverletzung in Betracht.

4. Gemäß §§ 634 Nr. 3 Var. 1, 323 I müsste J dem P grundsätzlich eine Nachfrist gesetzt haben, die fruchtlos verstrichen ist. J hat dem P keine Frist gesetzt. Die Fristsetzung könnte allerdings gemäß § 636 Var.2 entbehrlich gewesen sein. Dann müsste die Nacherfüllung fehlgeschlagen sein. Für die Beurteilung, wann eine Nacherfüllung als fehlgeschlagen anzusehen ist, hilft ein Blick auf § 440 S.1. Dort werden dem Verkäufer zwei erfolglose Nacherfüllungsversuche zugebilligt. Diese Vorschrift kann auch als Leitbild für § 636 Var.2 dienen. Indem P selbst nach drei weiteren Versuchen kein mangelfreies Werk hergestellt hat, ist die Nacherfüllung fehlgeschlagen. Daher war eine Fristsetzung gemäß § 636 Var.2 entbehrlich.

5. J müsste den Rücktritt gemäß § 349 erklärt haben. Indem er sein Geld zurückverlangt, hat er den Rücktritt erklärt.

6. Für einen Ausschluss des Rücktrittsrechts gemäß § 323 VI bestehen keine Anhaltspunkte.

Ergebnis: J hat gegen P einen Anspruch auf Rückgewähr des Werklohns aus §§ 346 I, 634 Nr. 3 Alt. 1.

2. Unbehebbarer Mangel

Rücktrittsvoraussetzungen bei unbehebbar mangelhaftem Werk

Rücktrittsvoraussetzungen bei unbehebbar mangelhaftem Werk gemäß §§ 346 I, 634 Nr. 3 Var. 1, 636

1. Wirksamer Werkvertrag gemäß § 631.
2. Sachmangel (§ 633 II) oder Rechtsmangel (§ 633 III) liegt vor.
3. Erheblichkeit des Mangels, § 323 V 2.
4. Die Fristsetzung ist *entbehrlich* gemäß § 326 V, da der Mangel unbehebbar ist.
5. Erklärung des Rücktritts, § 349.
6. Besteller nimmt nicht trotz Kenntnis des Mangels ab, § 640 II.
7. Der Rücktritt ist ausgeschlossen, wenn
   - der Gläubiger für den Umstand, der ihn zum Rücktritt berechtigen würde, allein oder weit überwiegend verantwortlich ist, § 323 VI Alt. 1, *oder*
   - der vom Schuldner nicht zu vertretende Umstand zu einer Zeit eintritt, zu der der Gläubiger im Annahmeverzug ist, § 323 VI Alt. 2.

Fall 50

Sachverhalt

Die verzweifelte B, in ihrem Freundeskreis „Glöcknerin von Notre Dame" genannt, sucht den Schönheitschirurgen C auf, um ihrem Gesicht für 15 000 Euro ein neues Design zu geben. C verspricht Ihr, sie werde nach der Operation „wie Cleopatra" aussehen. C, der um Vorkasse gebeten hatte, hat jedoch einen schlechten Tag. Obwohl es möglich gewesen wäre, B wie „Cleopatra" aussehen zu lassen, verunstaltet C die B noch mehr, so dass diese nun als „weiblicher Frankenstein" gilt. Der Eingriff kann nicht mehr rückgängig gemacht werden. C wendet ein, er habe seinen Lohn in der Wiesbadener Spielbank verspielt. B verlangt ihr Geld zurück. Vertragliche Ansprüche der B ?

Zusatzfrage: Kann B auch Schadenersatz verlangen?

Lösung

Anspruch der B gegen C auf Rückgewähr des Werklohns aus §§ 346 I, 634 Nr. 3 Alt. 1

B könnte gegen C einen Anspruch auf Rückgewähr des Werklohns in Höhe von 15 000 Euro aus §§ 346 I, 634 Nr. 3 Alt. 1 haben.
1. Dazu müsste zwischen beiden ein Werkvertrag gemäß § 631 bestehen. B und C waren sich einig, dass C gegen ein Honorar von 15 000 Euro das Gesicht der B operieren sollte. C schuldete einen Erfolg. Daher liegt ein Werkvertrag vor.
2. Das Werk müsste einen Sachmangel (§ 633 II) aufweisen. In Betracht kommt eine Abweichung von der vereinbarten Beschaffenheit gemäß § 633 II 1. B und C haben vereinbart, dass B nach der Operation „wie Cleopatra" aussehen solle. Stattdessen sieht sie aus wie ein weiblicher Frankenstein. Es liegt also eine Abweichung vom vereinbarten Vertragsprogramm vor.
3. Die Abweichung ist auch erheblich gemäß § 323 V 2.
4. Grundsätzlich muss eine Nachfrist fruchtlos verstrichen sein (§§ 634 Nr. 3 Var. 1, 323 I). Die Fristsetzung könnte allerdings gemäß § 326 V entbehrlich gewesen sein. Dann müsste es sich um einen unbehebbaren Mangel handeln, der gemäß § 275 I eine Nacherfüllung ausschließt. Der Eingriff kann nicht mehr rückgängig gemacht werden. Der Mangel ist also erheblich. Folglich ist eine Fristsetzung gemäß § 326 V entbehrlich gewesen.
5. B müsste den Rücktritt gemäß § 349 erklärt haben. Indem B zum Ausdruck gebracht hat, dass sie ihr Geld von C zurückerhalten möchte, hat sie den Rücktritt erklärt.
6. Der Rücktritt dürfte nicht gemäß § 323 VI ausgeschlossen sein. Dafür liegen keine Anhaltspunkte vor.
7. Rechtsfolge des Rücktritts ist die Rückgewähr der Leistungen gemäß §§ 346 I. Fraglich ist, wie es sich auswirkt, dass C das Geld verspielt hat. Sofern ein empfangener Gegenstand verbraucht worden ist, tritt gemäß § 346 II Nr. 2 eine Wertersatzpflicht an die Stelle der Pflicht zur Rückgewähr. Der Einwand des C findet daher keine Berücksichtigung.

Ergebnis: B hat gegen C einen Anspruch auf Rückgewähr des Werklohns aus §§ 346 I, 634 Nr.3 Alt.1.

Zusatzfrage:

Ein Anspruch auf Schadensersatz statt der Leistung wegen nachträglich unbehebbar mangelhaftem Werk gemäß §§ 634 Nr. 4 Var. 1, 636, 283, 280 I scheitert daran, dass B keinen Vermögensschaden hat. Jedoch ist nach § 253 II auch der immaterielle Schaden zu ersetzen. Die Höhe wird vom Richter festgesetzt.

V. Minderung

1. Behebbarer Mangel

Minderungsvoraussetzungen bei behebbar mangelhaftem Werk

Minderung bei behebbar mangelhaftem Werk gemäß §§ 634 Nr. 3 Var. 2, 638

1. Wirksamer Werkvertrag gemäß § 631.
2. Sachmangel (§ 633 II) oder Rechtsmangel (§ 633 III) liegt vor.
3. Gemäß § 638 („statt zurückzutreten") müssen die Voraussetzungen des Rücktritts vorliegen:

   Ernsthafte Fristsetzung und Fristablauf *oder* Entbehrlichkeit

   a) Erfolgloses Verstreichen einer Nachfrist, §§ 634 Nr. 3 Var. 2, 323 I.

   b) Die Fristsetzung ist *entbehrlich*,

   - bei ernsthafter und endgültiger Erfüllungsverweigerung, §§ 634 Nr. 3 Var. 1, 323 II Nr. 1, *oder*
   - bei einem Fixgeschäft, §§ 634 Nr. 3 Var. 1, 323 II Nr. 2 *oder*
   - bei einer Rechtfertigung aus besonderem Grund, §§ 634 Nr.3 Var. 1, 323 II Nr. 3 *oder*
   - wenn der Unternehmer die Nacherfüllung verweigert, §§ 636 Var.1, 635 III *oder*
   - wenn die Nacherfüllung fehlgeschlagen oder dem Besteller nicht zuzumuten ist, § 636 Var.2,3.
4. Erklärung der Minderung, § 638 I 1.
5. Besteller nimmt nicht trotz Kenntnis des Mangels ab, § 640 II.
6. Ausschluss des Minderungsrechts, wenn
   - der Gläubiger für den Umstand, der ihn zur Minderung berechtigen würde, allein oder weit überwiegend verantwortlich ist, § 323 VI Alt. 1, *oder*
   - der vom Schuldner nicht zu vertretende Umstand zu einer Zeit eintritt, zu der der Gläubiger im Annahmeverzug ist, § 323 VI Alt. 2.

Fall 51

Sachverhalt

Die Bremsen des Fahrrads des B quietschen ohrenbetäubend. Um diesen Zustand zu beheben, sucht er U auf, der ihm verspricht, er werde für 20 Euro das Rad so bearbeiten, dass man „nicht mehr den leisesten Ton" höre. B ist erfreut und geht auf das Angebot ein. Er zahlt schon einmal 10 Euro an. Als er das Rad abholen will, quietschen die Bremsen nicht mehr so schlimm wie vorher, aber dennoch hörbar. U weigert sich, das Rad ordnungsgemäß zu reparieren. B nimmt das Rad an sich und teilt dem U mit, er werde „für diese stümperhafte Leistung keinen müden Euro mehr zahlen". U könne froh sein, überhaupt 10 Euro erhalten zu haben.
U verlangt 10 Euro von B. Zu Recht?

Lösung

Anspruch auf Werklohnzahlung in Höhe von 10 Euro gemäß § 631 I Alt. 2

U könnte gegen B einen Anspruch auf Werklohnzahlung in Höhe von 10 Euro gemäß § 631 I Alt.2 haben.

1. Dazu müsste zwischen beiden ein Werkvertrag gemäß § 631 bestehen. U hat sich gegenüber B verpflichtet, das Fahrrad für 20 Euro zu reparieren. U schuldete also einen Erfolg. Daher liegt ein Werkvertrag vor. Folglich ist der Anspruch in Höhe von 20 Euro entstanden.

2. Der Anspruch könnte jedoch gemäß § 362 I teilweise erloschen sein. Dann müsste die Leistung an den Gläubiger bewirkt worden sein. B hat 10 Euro gezahlt. Damit ist der Anspruch gemäß § 362 I in Höhe von 10 Euro erloschen.

3. Dem restlichen Anspruch könnte die Einrede der Minderung gemäß § 638 III 1 entgegenstehen. Dann müsste ein Mangel am Werk vorliegen (§§ 634 Nr.3 Alt.2, 633). Es kommt eine Abweichung von der vereinbarten Beschaffenheit i.S.d. § 633 II Nr.1 in Betracht. U und B haben vereinbart, dass die Bremsen keine Geräusche mehr hervorrufen sollen. Dieses Ziel hat U nicht erreicht. Es liegt also eine Abweichung von der vereinbarten Beschaffenheit und damit ein Sachmangel gemäß § 633 II Nr.1 vor.

4. Gemäß § 638 („statt zurückzutreten“) hat der Besteller ein Minderungsrecht, wenn die Voraussetzungen des Rücktritts vorliegen. Grundsätzlich müsste eine Nachfrist gemäß §§ 634 Nr. 3 Var. 2, 323 I fruchtlos verstrichen sein. Die Fristsetzung könnte jedoch gemäß §§ 634 Nr. 3 Var. 1, 323 II Nr. 1 entbehrlich gewesen sein. Dies ist der Fall, wenn der Unternehmer die Nacherfüllung ernsthaft und endgültig verweigert. U war nicht mehr bereit, das Rad zu reparieren. Deshalb war die Fristsetzung gemäß §§ 634 Nr. 3 Var. 1, 323 II Nr. 1 entbehrlich.

5. B müsste gemäß § 638 I 1 eine Minderungserklärung gegenüber dem Unternehmer abgegeben haben. Indem er zum Ausdruck bringt, er werde nicht mehr bezahlen, hat er die Minderung gemäß § 638 I 1 erklärt.

6. Für einen Ausschluss des Minderungsrechts gemäß §§ 638 I 1, 323 VI bestehen keine Anhaltspunkte.

7. Rechtsfolge der Minderung ist gemäß § 638 III 1 die Herabsetzung des Werklohns in dem Verhältnis, in dem der Wert des Werks in mangelfreiem Zustand zu dem wirklichen Wert gestanden haben würde. Mangels näherer Angaben ist eine genaue Bezifferung der Minderung unmöglich. Die Minderung ist daher gemäß § 638 III 2 durch Schätzung zu ermitteln. 10 Euro erscheinen für die mangelhafte Reparatur eines Rades nicht zu wenig (a.A. vertretbar). Daher greift die Minderungseinrede durch, so dass B dem U nichts mehr schuldet.

Ergebnis: U hat gegen B keinen Anspruch auf Zahlung des restlichen Werklohns in Höhe von 10 Euro aus § 631 I Alt.2.

2. Unbehebbarer Mangel

Minderungsvoraussetzungen bei unbehebbar mangelhaftem Werk

Minderung bei unbehebbar mangelhaftem Werk gemäß §§ 634 Nr. 3 Var. 2, 638

1. Wirksamer Werkvertrag gemäß § 631.
2. Sachmangel (§ 633 II) oder Rechtsmangel (§ 633 III) liegt vor.
3. Gemäß § 638 („statt zurückzutreten") müssen die Voraussetzungen des Rücktritts vorliegen:

   Ernsthafte Fristsetzung und Fristablauf *oder* Entbehrlichkeit.

   a) Erfolgloses Verstreichen einer Nachfrist, §§ 634 Nr. 3 Var. 2, 323 I.

   b) Die Fristsetzung ist *entbehrlich* gemäß § 326 V Hs.2, da der Mangel unbehebbar ist.
4. Erklärung der Minderung, § 638 I 1.
5. Besteller nimmt nicht trotz Kenntnis des Mangels ab, § 640 II.
6. Ausschluss des Minderungsrechts, wenn
   - der Gläubiger für den Umstand, der ihn zur Minderung berechtigen würde, allein oder weit überwiegend verantwortlich ist, § 323 VI Alt. 1, *oder*
   - der vom Schuldner nicht zu vertretende Umstand zu einer Zeit eintritt, zu der der Gläubiger im Annahmeverzug ist, § 323 VI Alt. 2.

Fall 52

Sachverhalt

Der in Großbritannien und Deutschland tätige Junganwalt J will seiner Ein-Mann-Kanzlei ein „Branding" verpassen. Dazu sucht er den Marketingexperten M auf, um bei ihm ein Logo in Auftrag zu geben. J weist ausdrücklich darauf hin, dass er das Logo in Deutschland und Großbritannien verwenden will. M betont, er werde ein Logo entwickeln, das J „bereits am Tag der Lieferung ohne jegliches Risiko" verwenden könne. Nach zwei Wochen legt M das Ergebnis vor. J ist begeistert und zahlt M den vereinbarten Lohn von 1000 Euro. Als J das Logo in Großbritannien einsetzt, verbietet ihm Wettbewerber D, Inhaber einer älteren identischen Marke, zu Recht die Verwendung. M hatte bei seiner Recherche die prioritätsältere Marke des D übersehen. D lässt sich weder die Marke abkaufen, noch ist er bereit, eine Lizenz zu erteilen. Der Wert einer Lizenz beträgt 500 Euro.

Da J das Logo gefällt, möchte er es zumindest in Deutschland nutzen. Er ist allerdings nicht bereit, 1000 Euro dafür zu bezahlen. Der Wert des in Deutschland verwendbaren Logos beträgt 400 Euro. Er verlangt von M 600 Euro zurück.

Lösung

Anspruch auf Rückzahlung wegen Minderung bei behebbar mangelhaftem Werk gemäß §§ 634 Nr. 3 Var. 2, 638 IV 1, 2, 346 I

J könnte gegen M einen Anspruch auf Rückzahlung wegen Minderung bei behebbar mangelhaftem Werk gemäß §§ 634 Nr. 3 Var. 2, 638 IV 1,2, 346 I in Höhe von 600 Euro haben.

1. Dazu müsste zwischen beiden ein Werkvertrag gemäß § 631 bestehen. M hat sich gegenüber J verpflichtet, ein Logo zu kreieren, das sofort einsetzbar ist. M schuldete also einen Erfolg. Daher liegt ein Werkvertrag vor.

2. Das Werk müsste einen Mangel aufweisen. Mangels Beeinträchtigung der Beschaffenheit liegt kein Sachmangel i.S.d. § 633 II vor. Das Werk könnte jedoch gemäß § 633 III mit einem Rechtsmangel behaftet sein. Dies ist der Fall, wenn Dritte in Bezug auf das Werk Rechte geltend machen können, die nicht im Vertrag vorgesehen waren. Wettbewerber D kann J die Benutzung des Logos aufgrund einer eingetragenen Marke verbieten. Dies ist ein Recht eines Dritten. Daran ändert auch die Tatsache nichts, dass das Markenrecht des D nur für das Territorium Großbritanniens wirkt.
Das Werk war rechtsmangelhaft gemäß § 633 III.

3. Gemäß § 638 („statt zurückzutreten“) hat der Besteller ein Minderungsrecht, wenn die Voraussetzungen des Rücktritts vorliegen. Grundsätzlich müsste eine Nachfrist gemäß §§ 634 Nr. 3 Var. 2, 323 I fruchtlos verstrichen sein. Die Fristsetzung könnte jedoch gemäß § 326 V Hs.2 entbehrlich gewesen sein. Dies ist der Fall, wenn der Schuldner wegen § 275 von der Nacherfüllung befreit ist. D ist weder bereit, die Marke zu verkaufen noch eine Lizenz zu erteilen. Damit ist die Nacherfüllung gemäß § 275 I unmöglich. Indem die Voraussetzungen des § 326 V Hs.1 vorliegen, ist die Fristsetzung gemäß § 326 V Hs.2 entbehrlich.

4. J müsste gemäß § 638 I 1 eine Minderungserklärung gegenüber dem Unternehmer abgegeben haben. Indem er von M einen Teil des Werklohns zurückfordert, hat er die Minderung gemäß § 638 I 1 erklärt.

5. Für einen Ausschluss des Minderungsrechts gemäß §§ 638 I 1, 323 VI bestehen keine Anhaltspunkte.

6. Rechtsfolge der Minderung ist gemäß § 638 III 1 die Herabsetzung des Werklohns in dem Verhältnis, in dem der Wert des Werks in mangelfreiem Zustand zu dem wirklichen Wert gestanden haben würde.

Daraus ergibt sich folgende Formel:

$$\text{Neuer Preis} = \frac{\text{Wert des mangelhaften Werks} \times \text{Werklohn}}{\text{Wert des mangelfreien Werks}}$$

Der Werklohn beträgt 1000 Euro. Der Wert des mangelhaften Werks beträgt 400 Euro. Der Wert des mangelfreien Werks ergibt sich aus folgender Überlegung: Wenn eine Lizenz 500 Euro gekostet hätte, ist der Wert des mangelhaften Werks um diesen Betrag erhöht. Der Wert des mangelfreien Werks beträgt also 900 Euro.

$$\text{Neuer Preis} = \frac{400 \text{ Euro} \times 1000 \text{ Euro}}{900 \text{ Euro}} = 444 \text{ Euro}$$

Der neue Preis beträgt 444 Euro. Indem J schon den gesamten Betrag an M gezahlt hat, kann er gemäß § 638 IV 1, 346 I die zuviel bezahlten 556 Euro zurückverlangen.

Ergebnis: J hat gegen M einen Anspruch auf Rückgewähr des Werklohns in Höhe von 556 Euro aus §§ 634 Nr. 3 Var. 2, 638 IV 1, 2, 346 I

Anmerkung

J hat nach der Minderung im Ergebnis 444 Euro für eine Leistung des M bezahlt, die objektiv nur 400 Euro Wert war. Dies ist gerecht, da sich darin widerspiegelt, dass J bei ordnungsgemäßer Durchführung des Vertrages 1000 Euro für ein Werk bezahlt hätte, das objektiv nur 900 (400 + 500) Euro Wert war. J hat also ein schlechtes Geschäft gemacht. Daran soll sich auch nach der Minderung nichts ändern.

6. Kapitel:
Fall zum Werklieferungsvertrag

Fall 53

Sachverhalt

Der schwergewichtige B hat Probleme, auf handelsüblichen Gartenstühlen zu sitzen. Daher beauftragt er den Schreiner U, ihm einen Gartenstuhl mit besonders großzügigen Abmessungen zu bauen, der ihn trägt. B zahlt sofort. Als U den Stuhl liefert, setzt sich B auf den Stuhl, der mit Getöse unter seiner Last zusammenbricht. B verlangt von U einen neuen Stuhl. Zu Recht ?

Lösung

I. Anspruch auf Nacherfüllung aus §§ 634 Nr.1, 635 I, 633

B könnte gegen U einen Anspruch auf Nacherfüllung aus §§ 634 Nr.1, 635 I, 633 haben.

1. Dazu müsste zwischen beiden ein wirksamer Werkvertrag gemäß § 631 bestehen. B hat U beauftragt, ihm einen Gartenstuhl zu bauen.

2. Fraglich ist, ob diese Vereinbarung als Werkvertrag zu qualifizieren ist. Gemäß § 651 S.1 ist Kaufrecht anzuwenden, wenn der Vertrag die Lieferung herzustellender oder zu erzeugender beweglicher Sachen zum Gegenstand hat. U sollte einen Gartenstuhl, eine bewegliche Sache, herstellen. Folglich ist gemäß § 651 S.1 Kaufrecht anwendbar.

Ergebnis: B hat gegen U keinen Anspruch auf Nacherfüllung aus §§ 634 Nr.1, 635 I, 633.

II. Anspruch auf Nacherfüllung gemäß §§ 651 S.1, 437 Nr. 1, 439, 433 I

B könnte gegen U einen Anspruch auf Nacherfüllung gemäß §§ 651 S.1, 437 Nr. 1, 439, 433 I 2 haben.

1. Es besteht ein Werklieferungsvertrag, auf den Kaufrecht anwendbar ist (s.o. unter I.2.).

2. Der Gartenstuhl müsste im Zeitpunkt des Gefahrübergangs (§ 446 S.1) gemäß § 434 I mangelhaft gewesen sein. Ein Mangel liegt vor, wenn die Sache nicht die vereinbarte Beschaffenheit aufweist (§ 434 I 1). B und U haben besonders vereinbart, dass ein Gartenstuhl hergestellt werden soll, der B trägt. Diese Eigenschaft hatte der von U hergestellte Stuhl nicht. Diese für den Käufer nachteilige Abweichung der Ist-Beschaffenheit von der Soll-Beschaffenheit stellt einen Mangel dar, der auch im Zeitpunkt des Gefahrübergangs, der Übergabe (§ 446 S.1), vorlag. Folglich bestehen die in § 437 genannten Rechte, unter anderem der Anspruch auf Nacherfüllung gemäß § 437 Nr.1.

3. Grundsätzlich kann der Käufer frei auswählen, welche Art der Nacherfüllung er bevorzugt. Er kann sich für die Mangelbeseitigung (§ 437 I Alt. 1) oder für die Ersatzlieferung (§ 437 I Alt. 2) entscheiden. B hat vorliegend die Lieferung eines neuen Stuhls gewählt.

4. Indem U einen neuen Stuhl problemlos nachliefern kann, steht dem Anspruch die Einrede der Unverhältnismäßigkeit gemäß § 439 III 1 nicht entgegen.

Ergebnis: B kann von U die Neulieferung eines Gartenstuhls gemäß §§ 651 S.1,433 I 2, 434 I 1, 439 I Alt.1 verlangen.

Anmerkung

Durch § 651 S.1 wird der Anwendungsbereich des Werkvertragsrechts stark eingeschränkt. Unter die §§ 631 ff. fallen daher nur noch die Herstellung von Bauwerken (unbeweglichen Sachen), Reparaturarbeiten sowie die Herstellung unkörperlicher Werke.

Zu beachten ist ferner, dass der Verweis in § 651 S.1 auch die Regelungen zum Verbrauchsgüterkauf in §§ 474 ff. umfasst.

7. Kapitel:
Fall zum Verbraucherkreditrecht

Überblick

Ein Anliegen der Schuldrechtsreform war die Eingliederung der zivilrechtlichen Nebengesetze in das BGB. Das Verbraucherkreditgesetz wurde in den Vorschriften der §§ 491-506 in das BGB integriert. Viele Vorschriften wurden lediglich umformuliert. Leider hat sich die Reihenfolge der Vorschriften geändert.

Fälle, in denen ein Verbraucherkredit eine Rolle spielte, rankten sich früher zumeist um die Vorschrift des § 9 des Verbraucherkreditgesetzes. Dort war das „**verbundene Geschäft**" geregelt. Ein verbundenes Geschäft liegt vor, wenn Darlehensvertrag und Kaufvertrag eine Einheit bilden, weil der Kauf mit dem Darlehen finanziert wird.
Gemäß § 9 III Verbraucherkreditgesetz konnte der Käufer die Rückzahlung der Raten verweigern, wenn es Leistungsstörungen beim Kaufvertrag gab. Dies wird „**Einwendungsdurchgriff**" genannt.

Die Rechtsfigur des Einwendungsdurchgriffs wurde auch im neuen Recht beibehalten. Man findet sie an relativ versteckter Stelle im Rücktrittsrecht in § 359 wieder. Das verbundene Geschäft ist nun in § 358 III definiert (früher § 9 I Verbraucherkreditgesetz).

Fall 54

<u>Sachverhalt</u>

K kauft bei V einen Fernseher mit einem sichtbaren Bild von 160 auf 90 cm für 15 000 Euro. Da K das Geld nicht aus eigener Tasche bezahlen kann, bittet er V um Ratenzahlung. V meint, das sei leider nicht möglich. Er arbeite jedoch eng mit der B-Bank zusammen, die ihm einen Kredit in Höhe von 15 000 Euro gewähren könne. K ist erfreut und verfährt entsprechend des Vorschlags des V. Die B-Bank gibt ihm einen Kredit und zahlt 15 000 Euro direkt an V. V liefert den Fernseher, der jedoch nicht funktioniert. Nach zwei Nachbesserungsversuchen tritt K vom Kaufvertrag zurück. Bis zu diesem Zeitpunkt hatte er an die B-Bank noch keine Raten gezahlt. Als die B-Bank ihn zur Zahlung der ersten Rate auffordert, weigert sich K mit der Begründung, er brauche jetzt keinen Kredit mehr, da er den Fernseher zurückgegeben habe. Verlangt die B-Bank zu Recht die erste Rate?

<u>Lösung</u>

Anspruch auf Rückzahlung der Darlehensvaluta aus § 488 I 2

Die B-Bank könnte gegen K einen Anspruch auf Zahlung der ersten Darlehensrate aus § 488 I 2 haben.

1. Dazu müsste ein wirksamer Darlehensvertrag gemäß § 488 I 1 vorliegen. K und die B-Bank haben einen wirksamen Darlehensvertrag über einen Geldbetrag von 15 000 Euro geschlossen. Der Darlehensbetrag wurde K auch zur Verfügung gestellt, indem die B-Bank den Betrag direkt an V zur Erfüllung der Kaufpreisschuld weiterleitete.

2. Der Anspruch könnte jedoch durch Rücktritt gemäß § 323 I erloschen sein. Der Mangel an der Kaufsache kann aber nur dem Verkäufer V entgegengehalten werden. Vom Darlehensvertrag kann K deshalb nicht zurücktreten.

3. K könnte jedoch ein Leistungsverweigerungsrecht aus § 359 S.1 haben. Der Anwendungsbereich dieser Vorschrift ist nur eröffnet, wenn K Verbraucher ist. Verbraucher ist jede natürliche Person, die ein Rechtsgeschäft zu einem Zweck abschließt, der weder ihrer gewerblichen noch ihrer selbständigen beruflichen Tätigkeit zugerechnet werden kann (§ 13). Indem K den Fernseher für seinen privaten Gebrauch kauft, ist er als Verbraucher aufgetreten.

4. Ferner müsste K eine Einwendung aus einem Vertrag haben, der mit dem Darlehensvertrag verbunden ist. Der Kaufvertrag könnte ein mit dem Darlehensvertrag verbundenes Geschäft darstellen.

Ein verbundenes Geschäft liegt gemäß § 358 III vor, wenn das Darlehen ganz oder teilweise der Finanzierung des anderen Vertrags dient, und beide Verträge eine wirtschaftliche Einheit bilden.

Eine wirtschaftliche Einheit ist insbesondere anzunehmen, wenn der Unternehmer selbst die Gegenleistung des Verbrauchers finanziert, oder der Unternehmer beim Abschluss eines Darlehensvertrages zwischen dem Verbraucher und einem Dritten mitwirkt.

Indem K den Darlehensvertrag nicht ohne Kaufvertrag geschlossen hätte, liegt eine wirtschaftliche Einheit vor. Dies wird auch dadurch bestätigt, dass V den Vertrag vermittelt hat. Somit liegt ein verbundenes Geschäft vor.

5. Aus dem mit dem Darlehensvertrag verbundenen Kaufvertrag müsste K eine Einwendung haben. K könnte ein Rücktrittsrecht aus §§ 437 Nr. 2 Alt. 1, 440, 323 I zustehen. Ein Kaufvertrag liegt vor. V hat eine mangelhafte Sache geliefert. Grundsätzlich musste K dem V eine Frist zur Nacherfüllung gesetzt haben, die fruchtlos verstrichen ist. Dies hat K nicht getan. Diese Fristsetzung könnte jedoch gemäß § 440 S. 1 2. Fall entbehrlich gewesen sein. Dazu müsste die Nacherfüllung fehlgeschlagen sein. Gemäß § 440 S.2 gilt die Nacherfüllung nach dem zweiten erfolglosen Versuch als fehlgeschlagen. Folglich war die Fristsetzung entbehrlich.

6. K müsste den Rücktritt gemäß § 349 erklärt haben. Indem er den Fernseher zurückgegeben hat, hat er den Rücktritt erklärt.

7. Aufgrund der Tatsache, dass der Fernseher nicht funktioniert, kommt auch kein Ausschluss des Rücktrittsrechts gemäß § 323 V 2 wegen Unerheblichkeit der Pflichtverletzung in Betracht.

8. K steht also ein Rücktrittsrecht zu. Folglich hat er eine Einwendung aus dem verbundenen Geschäft. K kann folglich grundsätzlich die Leistung verweigern.

9. Es könnte jedoch eine Ausnahme vom Einwendungsdurchgriff gemäß § 359 S.2 vorliegen. Dazu müsste der Wert der Kaufsache unter 200 Euro liegen. Dies ist nicht der Fall. Folglich kann K gemäß § 359 S.1 die Zahlung der Darlehensraten verweigern.

Ergebnis: Die B-Bank hat keinen Anspruch gegen K auf Zahlung der Raten aus § 488 I 2.

Anmerkung

Obwohl die B-Bank die Darlehensvaluta an V ausgezahlt hat, kann sie von K keine Zahlung verlangen. Auch gegen V hat die B-Bank keinen Anspruch, da V und die B-Bank keinen Vertrag geschlossen haben. Dieses Ergebnis ist ungerecht. Daher muss der B-Bank geholfen werden. Dies geschieht, indem man der B-Bank gegen K aus Billigkeitsgründen (§ 242) einen Anspruch auf Abtretung des Rückzahlungsanspruchs aus § 326 IV gegen V in Höhe von 15 000 Euro zubilligt.

8. Kapitel:
Fälle zur Verjährung

Überblick

Die **regelmäßige Verjährung**, die früher 30 Jahre betrug (§ 195 a.F.), wurde 2002 auf **drei Jahre** herabgesetzt (§ 195). Die Verjährung beginnt nicht mehr mit Entstehen des Anspruchs (§ 198 S.1 a.F.), sondern mit dem Schluss des Jahres (Ultimoverjährung), in dem der Anspruch entstanden ist (§ 199 I Nr. 1) und der Anspruchsteller die Umstände, die seinen Anspruch begründen, kannte oder hätte erkennen können (§ 199 I Nr. 2). Wichtige Ausnahmen: Die Verjährung der kaufrechtlichen und werkvertraglichen Gewährleistungsansprüche beginnt nach § 438 II mit Übergabe der Sache bzw. nach § 634a II mit Abnahme der Sache.

Diese **Verjährung** des § 199 I ist **relativ zur Kenntnis** des Gläubigers. Um den Rechtsfrieden nicht zu gefährden, gibt es neben den relativen auch noch **absolute Fristen**:
Wenn der Gläubiger die anspruchsbegründenden Tatsachen oder die Person des Schuldners nicht kennt und auch nicht kennen musste, verjähren Ansprüche, die nicht auf Schadensersatz gerichtet sind, in zehn Jahren ab ihrer Entstehung (§ 199 IV).

Bei Schadensersatzansprüchen wegen Verletzung besonders hochrangiger Rechtsgüter wie Freiheit, Körper, Leben oder Gesundheit hat der Geschädigte sogar 30 Jahre Zeit, diese geltend zu machen (§ 199 II).

Andere Schadensersatzansprüche als die in § 199 II genannten verjähren in 10 Jahren, wenn die Kenntnis des Gläubigers von dem Anspruch fehlt; und in 30 Jahren, wenn der Anspruch in dieser Zeitspanne nach dem schadensauslösenden Ereignis nicht entstanden ist. Dies drückt die Regelung in § 199 III Nr.1 und 2 aus. Es gilt immer die früher endende Frist (§ 199 III 2).

Von dem **Grundsatz**, dass der Gläubiger **drei Jahre** nach Kenntnis der Umstände Zeit hat, um seinen Anspruch geltend zu machen (regelmäßige Verjährungsfrist), gibt es aber auch **Ausnahmen**:

- Für Gewährleistungsansprüche auf Nacherfüllung, Schadensersatz oder Aufwendungsersatz aus **Kaufverträgen** gilt grundsätzlich die Frist von **zwei Jahren**, (§ 438 I Nr. 3). Diese Frist kann gegenüber Verbrauchern nicht verkürzt werden (§ 475 II).
- Bei **werkvertraglichen Gewährleistungsansprüchen** auf Nacherfüllung, Aufwendungsersatz wegen Selbstvornahme, Rücktritt und Minderung ist zu

unterscheiden: Ist die Herstellung, Wartung oder Veränderung einer Sache oder die Erbringung von Planungs- oder Überwachungsleistungen hierfür geschuldet, tritt Verjährung grundsätzlich nach **zwei Jahren** ein (§ 634 a I Nr. 1). Ansonsten gilt gemäß § 634 a I Nr. 3 die regelmäßige Verjährungsfrist (§ 199).

- Ansprüche wegen Mängeln an **Bauwerken** bzw. Mängeln an Planungs- oder Überwachungsleistungen für Bauwerke sowie Ansprüche wegen Mängeln an Sachen, die entsprechend ihrer üblichen Verwendungsweise für ein Bauwerk verwendet worden sind und dessen Mangelhaftigkeit verursacht haben, können **fünf Jahre** lang geltend gemacht werden (§ 634 a I Nr.2 und § 438 I Nr. 2 a, b).
- **Herausgabeansprüche** aus Eigentum und anderen dinglichen Rechten, **familien-** und **erbrechtliche** Ansprüche, **rechtskräftig festgestellte** Ansprüche, Ansprüche aus vollstreckbaren **Vergleichen** oder vollstreckbaren Urkunden und Ansprüche, die durch die im Insolvenzverfahren erfolgte Feststellung vollstreckbar geworden sind, verjähren nach **30 Jahren**, § 197.

Der Lauf der oben darstellten Verjährungsfristen kann unter bestimmten Umständen **gehemmt** werden (§ 209), oder die Verjährung kann **von neuem** zu laufen (§ 212) **beginnen**. Dies ist dann der Fall, wenn der Gläubiger Handlungen vornimmt, die auf eine Durchsetzung seines Anspruchs zielen oder wenn der Schuldner das Bestehen des Anspruchs anerkennt.

Fall 55

Sachverhalt

V und K schließen am 10. Juli 2008 einen Kaufvertrag über einen Neuwagen. V liefert den Wagen am 20. Dezember 2008 bei K ab. Dieser stellt am 12. Juli 2010 einen schweren Konstruktionsfehler am Wagen fest und verklagt V sofort. Kann sich V auf die Einrede der Verjährung berufen?

Abwandlung 1: Ändert sich etwas, wenn K den Schaden am Montag, den 20. Dezember 2010 feststellt?

Abwandlung 2: Ändert sich etwas, wenn V vom Schaden wusste und diesen verschwiegen hat? Ändert sich etwas an der Beurteilung der ersten beiden Abwandlungen?

Zusatzfrage zu Abwandlung 2: Kann sich V am Mittwoch, den 21. Dezember 2011 auf die Verjährung berufen?

Lösung
V könnte sich auf die Einrede der Verjährung berufen, wenn der Anspruch des K verjährt wäre. V und K haben einen Kaufvertrag nach § 433 geschlossen. Gewährleistungsansprüche aus Kaufverträgen verjähren gemäß § 438 I Nr. 3 in zwei Jahren.

Der Beginn der Verjährungsfrist richtet sich gemäß § 438 II Alt. 2 nach der Übergabe des Wagens. Diese Übergabe fand am 20. Dezember 2008 statt. Nicht entscheidend ist das Datum des Abschlusses des Kaufvertrages. Folglich endet die Verjährungsfrist gemäß § 188 II am 20. Dezember 2008. Damit kann V bei einer Klage des K am 12. Juli 2010 nicht die Einrede der Verjährung geltend machen.

Abwandlung 1: Auch am 20. Dezember 2010 ist die Einrede der Verjährung noch nicht erfolgreich, vgl. § 188 II.

Abwandlung 2: Hat V dem K den Schaden verschwiegen, obwohl er ihn kannte, liegt Arglist vor. Folglich ist nach § 438 III 1 die regelmäßige Verjährungsfrist des § 199 einschlägig. Beginn der Verjährungsfrist ist dann der Schluss des Jahres, in dem der Anspruch entstanden ist, also am 31. Dezember 2008. Die Dreijahresfrist endet am 31. Dezember 2011. Damit kann sich V auch in der zweiten Abwandlung nicht auf die Verjährung berufen.

Zusatzfrage zu Abwandlung 2: V kann sich am 21. Dezember 2011 nicht auf die Verjährung berufen, da die Frist nach § 199 I erst mit dem Schluss des Jahres 2008 begonnen hat und folglich erst am 31. Dezember 2011 endet.

Anmerkung
Zu beachten ist, dass bei Gewährleistungsansprüchen aus Kaufvertrag nicht die Dreijahresfrist nach § 195, sondern die speziellere Norm des § 438 I Nr. 3 gilt (Zweijahresfrist). Nur in Fällen der Arglist wird auf §§ 195, 199 verwiesen. Wichtig ist ferner, dass der Verjährungsbeginn in § 438 III Alt. 2 von § 199 I abweicht.

Fall 56

Sachverhalt

Bauunternehmer B baut K nach dessen Wünschen ein neues Einfamilienhaus am Bodensee. Der dazugehörige Vertrag wurde am 1. März 2006 geschlossen. Fertigstellung des Hauses ist am 1. November 2006. K nimmt das Haus am 1. Dezember 2006 ab. Nachdem K zunächst zufrieden ist, stellt er später Risse in der Außenwand fest. Kann sich B auf Verjährung berufen, wenn K eine entsprechende Klage erhebt am ...

a) 2. März 2009,
b) 2. November 2011,
c) 2. Dezember 2011,
d) 31. Dezember 2011?

Lösung

Die Verjährungsfrist für Gewährleistungsansprüche bei Mängeln an Bauwerken beträgt einheitlich fünf Jahre (für Werkverträge: § 634 a I Nr. 2; für Kaufverträge: § 438 I Nr. 2 a). Fristbeginn erfolgt mit Abnahme, § 634 a II. Diese Abnahme erfolgte hier am 1. Dezember 2006. Damit endet die Frist am 1. Dezember 2011. Folglich kann V die Einrede der Verjährung nur in den Fällen c) und d) geltend machen.

Anmerkung

Die Fünfjahresfrist gilt gemäß § 438 I Nr. 2 b auch für Gewährleistungsansprüche aus Kaufverträgen über Sachen, die für ein Bauwerk verwendet wurden und dessen Mangelhaftigkeit verursacht haben. Die Frist beginnt dann bei Ablieferung der Sache (§ 438 II).

Fall 57

Sachverhalt

T schlägt O am 1. Juli 2008 auf der Straße nieder. O erleidet eine Wunde am Kopf und begibt sich deswegen sofort zum Arzt. Im Oktober 2010 wird der Vorfall aufgeklärt. Kann sich T gegen die zivilrechtlichen Ansprüche des O auf die Einrede der Verjährung berufen?

<u>Abwandlung</u>: Die Schäden entstehen im Gehirn des O erst fünf Jahre später. Wie ändert sich die Verjährungsfrist?

<u>Zusatzfrage</u>: Der Vorfall ereignet sich wiederum am 1. Juli 2008. Die inneren Schäden des O stellen sich aber erst zufällig bei einer Kernspintomographie im August 2038 heraus. Anders konnten die Schäden nicht erkannt werden, für die es auch keine Anzeichen gab. Kann sich T auf Verjährung berufen?

Lösung
T könnte sich auf Verjährung berufen, wenn die Verjährungsfrist abgelaufen wäre. Hier liegt ein Fall der Verjährung nach § 199 II vor. Die Frist beträgt demnach dreißig Jahre. Fristbeginn ist am Tag der Handlung, also am 1. Juli 2008. Fristende ist demnach am 1. Juli 2038. T kann sich folglich nicht auf die Einrede der Verjährung berufen.

Abwandlung: Der Fristbeginn berechnet sich ohne Rücksicht auf Entstehung oder Kenntnis der Schäden ab dem Zeitpunkt der Handlung, § 199 II. Damit ändert sich nichts.

Zusatzfrage: Die Verjährung tritt bei Ansprüchen auf Schadensersatz wegen Verletzung hochrangiger Rechtsgüter – hier Unversehrtheit des Körpers – 30 Jahre nach Begehung der Handlung ein. Dies ist eine *absolute* Grenze. Folglich kann sich T im August 2038 auf Verjährung berufen.

Fall 58

Sachverhalt
V und K haben einen Kaufvertrag über den Roman „Die Korrekturen" von *Jonathan Franzen* am 15. August 2001 geschlossen. K bemerkt erst am 16. Februar 2002, dass dem Buch fünfzig Seiten fehlen. Kann sich V auf Verjährung berufen?

Lösung
V könnte sich auf Verjährung berufen, wenn die Verjährungsfrist abgelaufen ist. Der Kaufvertrag wurde 2001 geschlossen. Damals galt noch das alte Schuldrecht. Zur Berechnung der Frist muss folglich gemäß Art. 229 § 6 I EGBGB das *alte* Verjährungsrecht herangezogen werden, wenn diese Frist kürzer ist als die Frist im neuen Recht. Die Frist im alten Recht beträgt nach § 477 a.F. sechs Monate. Damit endet sie am 15. Februar 2002.
Die Frist im neuen Recht beträgt nach § 438 I Nr. 3 zwei Jahre. Fristbeginn ist der 1. Januar 2002 (also der Tag des Inkrafttretens des neuen Schuldrechts). Damit endet die Frist am 1. Januar 2004.
Im Ergebnis ist die Frist des alten Rechts kürzer als die des neuen Rechts. Fristende ist somit am 15. Februar 2002. Folglich kann sich V am 16. Februar 2002 auf die Verjährung berufen.

Anmerkung
Für die „Altfälle", also Ansprüche, die vor dem 1. Januar 2002 entstanden sind, finden die *neuen* Verjährungsvorschriften grundsätzlich Anwendung (Art. 229 § 5 I EGBGB). Lediglich Beginn, Hemmung und Neubeginn richten sich nach dem alten Recht (Art. 229 § 6 I EGBGB). Weiterhin setzt Art. 229 § 6 III EGBGB die *alte* Verjährungsfrist fest, wenn diese kürzer als die neue ist.

Fall 59

Sachverhalt

V und K haben am 12. November 2009 einen Kaufvertrag über das Buch „Wem gehört eigentlich ..." von *Jochen Zenthöfer* und *Christian Rauda* geschlossen. V liefert nicht. Ab wann (genaues Datum!) kann er sich auf Verjährung berufen?

Lösung

V kann sich auf Verjährung berufen, wenn die Verjährungsfrist endet. Diese Frist berechnet sich nach §§ 195, 199 I. Der Anspruch ist am 12. November 2009 entstanden, die Verjährungsfrist beginnt am 31. Dezember 2009 und endet drei Jahre später, also am 31. Dezember 2012. Damit kann sich V ab dem 1. Januar 2013, 0.00 Uhr, auf die Verjährung berufen.

9. Kapitel:
Fall zu allgemeinen Geschäftsbedingungen

Prüfung des Einbezugs und der Wirksamkeit allgemeiner Geschäftsbedingungen

1. Eröffnung des Anwendungsbereichs der Vorschriften der §§ 305-310:
   a) generell: Vorliegen von allgemeinen Geschäftsbedingungen i.S.d. § 305 I 1,
   b) sachlich: Kein Vertragstyp, der in § 310 IV aufgelistet ist,
   c) persönlich: Gegenüber Unternehmern gibt es Einschränkungen, § 310 I,
   d) zeitlich: Der Vertrag muss ab dem 01.01.2002 geschlossen worden sein.
2. Einbeziehung der AGB in den Vertrag, § 305, ggf. § 305 a.
   a) Hinweis auf die AGB durch den Verwender, § 305 II Nr.1.
   b) Zumutbare Möglichkeit der Kenntnisnahme durch den Vertragspartner, § 305 II Nr.2.
   c) Einverständnis des Vertragspartners, § 305 II Nr.2 letzter Hs..
3. Keine überraschende Klausel, § 305 c.
4. Vorrang der Individualabrede, § 305 b.
5. Inhaltskontrolle
   a) Klauselverbote ohne Wertungsmöglichkeit, § 309.
   b) Klauselverbote mit Wertungsmöglichkeit, § 308.
   c) Generalklausel, § 307.

Fall 60

Sachverhalt

V hat am 2. April 2010 seinen Friseurladen eröffnet. Er hängt ein großes Schild in seinem Salon auf mit der Überschrift „Vertragsbedingungen“. Darauf steht unter anderem:
“Wir schließen jegliche Haftung für Schäden aus, die den Kunden in unserem Salon entstehen“.
K, die erste Kundin des V, betritt den Salon, liest das Schild und lässt sich von V die Haare schneiden. Durch einen unachtsamen Schnitt schneidet V der K ein Stück des Ohrläppchens ab. K muss sofort im Krankenhaus behandelt werden, wodurch Kosten in Höhe von 800 Euro entstehen.
Hat K einen vertraglichen Anspruch gegen V?

Lösung

Anspruch der K gegen V auf Zahlung der Behandlungskosten in Höhe von 800 Euro gemäß § 280 I

K könnte gegen V einen Anspruch auf Zahlung der Behandlungskosten in Höhe von 800 Euro gemäß § 280 I haben.

1. Dazu müsste zwischen K und V ein Schuldverhältnis bestehen. Indem sich K und V darüber geeinigt haben, dass V der K gegen Entgelt die Haare schneidet, haben sie einen Vertrag geschlossen. Also besteht ein Schuldverhältnis.

2. V müsste eine Pflicht aus diesem Schuldverhältnis verletzt haben. Gemäß § 241 II kann ein Schuldverhältnis dazu verpflichten, auf Rechtsgüter anderer Rücksicht zu nehmen. Indem sich K dem V anvertraut hat, damit dieser ihr die Haare schneidet, muss V in besonderer Weise auf die Rechtsgüter der K Rücksicht nehmen. Durch den Schnitt in das Ohrläppchen hat er sie verletzt. Darin liegt eine Pflichtverletzung.

3. Diese Pflichtverletzung müsste V gemäß § 280 I 2 i.V.m. 276 zu vertreten haben. Gemäß § 276 I 2 hat der Schuldner auch Fahrlässigkeit zu vertreten. Fahrlässig handelt, wer die im Verkehr erforderliche Sorgfalt außer Acht lässt (§ 276 II). Indem V die K durch Unachtsamkeit verletzt hat, handelte er fahrlässig. V hat daher die Pflichtverletzung grundsätzlich zu vertreten.

4. Fraglich ist jedoch, ob ein vertraglicher Haftungsausschluss vorliegt. K und V haben keinen ausdrücklichen Haftungsausschluss vereinbart. Ein solcher Ausschluss könnte jedoch durch allgemeine Geschäftsbedingungen auf dem Schild im Laden des V in den Vertrag einbezogen worden sein.

Dazu müsste es sich bei der Aufschrift auf dem Schild um eine allgemeine Geschäftsbedingung handeln, die Bedingung muss wirksam einbezogen worden sein, und sie muss einer Inhaltskontrolle standhalten.

5. Die Tafelaufschrift müsste allgemeine Geschäftsbedingung i.S.d. § 305 I 1 sein. Allgemeine Geschäftsbedingungen sind alle für eine Vielzahl von Verträgen vorformulierte Vertragsbedingungen, die eine Vertragpartei (Verwender) der anderen Vertragspartei bei Abschluss des Vertrages stellt. Der Haftungsausschluss auf der Tafel wurde von V vorformuliert. Fraglich ist jedoch, ob dies für eine Vielzahl von Verträgen geschah. Schließlich war K die erste Kundin des V. Es kommt allerdings nicht auf die Zahl der Verwendungen, sondern auf die Verwendungsabsicht an. V hatte vor, jedem seiner Kunden diese Bedingungen zu stellen. Folglich liegen allgemeine Geschäftsbedingungen vor.

6. Mangels entsprechender Vertragstypen ist der Anwendungsbereich der Vorschriften der §§ 305 ff. nicht durch § 310 IV ausgeschlossen.

7. Die allgemeinen Geschäftsbedingungen müssen gemäß § 305 wirksam in den Vertrag einbezogen worden sein.

Dazu muss V gemäß § 305 II Nr.1 auf die AGB hingewiesen haben. Indem V die Bedingung in seinem Laden sichtbar aufgehängt hat, hat er konkludent darauf hingewiesen, dass sie zum Vertragsbestandteil werden sollen.

8. K hätte die Möglichkeit gehabt haben müssen, in zumutbarer Weise von den Bedingungen Kenntnis zu nehmen (§ 305 II Nr.2). Indem die Tafel mit dem Haftungsausschluss deutlich sichtbar aufgehängt worden ist, konnte K leicht Kenntnis nehmen.

9. K müsste mit der Geltung der Bedingung gemäß § 305 II Nr. 2 letzter Hs. einverstanden gewesen sein. Indem sie die Klausel las und sich dann von K die Haare schneiden ließ, hat sie konkludent ihr Einverständnis zu der Klausel erklärt.

10. Die Klausel müsste einer Inhaltkontrolle standhalten. Fraglich ist die Vereinbarkeit der Klausel mit § 309 Nr.5. Danach ist ein Ausschluss der Haftung für leichte Fahrlässigkeit unwirksam, soweit Körper- und Gesundheitsschäden vorliegen. Die Klausel auf der Tafel fällt unter § 309 Nr.5. Rechtsfolge des Verstoßes ist die Nichtigkeit der Klausel ohne eine geltungserhaltende Reduktion.

Indem die Klausel einer Inhaltskontrolle nicht standhält, wurde sie nicht Inhalt des Vertrages. Daher hat V die Verletzung zu vertreten.

11. Durch die Pflichtverletzung ist ein Schaden in Höhe von 800 Euro entstanden. Diesen kann K von V ersetzt verlangen.

Ergebnis: K hat gegen V einen Anspruch auf Zahlung der Behandlungskosten in Höhe von 800 Euro gemäß § 280 I.

Anmerkung

Neben dem vertraglichen Anspruch, nach dem gefragt war, hat K auch noch einen deliktischen Anspruch aus § 823 I. Wäre der Haftungsausschluss freilich wirksam gewesen, so hätte er auch für den deliktischen Anspruch Wirkung entfaltet. Man erreicht so einen Gleichlauf der vertraglichen und der deliktischen Haftung.

Weiter erschienen im **Richter-Verlag:**

Die Lernbuchreihe JURISTISCHE GRUNDKURSE

Zum Zivilrecht:
- **BGB-AT**
- **BGB Schuldrecht AT**
- **BGB Schuldrecht BT-1**
- **BGB Schuldrecht BT-2**
- **BGB Sachenrecht 1**
- **BGB Sachenrecht 2**
- **Familienrecht**
- **Erbrecht**
- **Handelsrecht**
- **Gesellschaftsrecht**
- **Erste Zivilrechtshausarbeit**

Zu anderen Rechtsgebieten
- **Arbeitsrecht**
- **Zivilprozessrecht 1**
- **Zivilprozessrecht 2**
- **Rechtsphilosophie**
- **Strafprozessrecht**

Zum Strafrecht:
- **Strafrecht AT-1**
- **Strafrecht AT-2**
- **Strafrecht AT-3**
- **Strafrecht BT-1**
- **Strafrecht BT-2**
- **Erste Strafrechtshausarbeit**
- **Erste Strafrechtsklausur**
- **Jugendstrafrecht / Kriminologie**

Zum Öffentlichen Recht
- **Staatsrecht 1**
- **Staatsrecht 2**
- **Verwaltungsrecht 1**
- **Verwaltungsrecht 2**
- **Staatshaftungsrecht**
- **Europarecht**
- **Erste Hausarbeit im Öff.Recht**

25 Fälle (Klausurentraining)

- **25 Fälle BGB - AT**
- **25 Fälle Sachenrecht**
- **25 Fälle Strafrecht BT**
- **25 Fälle StaatsorganisationsR**
- **25 Fälle Schuldrecht**
- **25 Fälle Strafrecht AT**
- **25 Fälle Verwaltungsrecht**
- **25 Fälle Grundrechte**

STREITSTÄNDE Kompakt

- **BGB-AT/Schuldrecht AT**
- **Schuldrecht BT**
- **Sachenrecht**
- **Strafrecht AT**
- **Strafrecht BT**
- **Verwaltungsrecht**
- **Staatsrecht**

sowie

- **Schuldrecht Kompakt**
- **Grundkurs Insolvenzrecht**
- **Fakten & Fälle Staatsorg.Recht**
- **Fälle zum Arbeitsrecht**
- **Juristische Cartoons**
- **Arbeitsrecht für Referendare**